Jan Terlouw
Kriegswinter

Jan Terlouw

Kriegswinter

Aus dem Niederländischen von Eva Schweikart

Urachhaus

Die niederländische Originalausgabe erschien 1972
unter dem Titel *Oorlogswinter* im Verlag Lemniscaat.

Nederlands letterenfonds
dutch foundation
for literature

Der Verlag dankt der Niederländischen Literaturstiftung
für die Förderung der Übersetzung.

ISBN 978-3-8251-7825-3

2. Auflage 2013
Erschienen im Verlag Urachhaus
www.urachhaus.de

© 2012 Verlag Freies Geistesleben & Urachhaus GmbH, Stuttgart
© 2012 Umschlaggestaltung: Rothfos & Gabler, Hamburg
Umschlagabbildung: © Saul Leiter
Nachwort und Glossar: © Michael Stehle
Gesamtherstellung: CPI – Clausen & Bosse, Leck

Stockdunkel war es, als Michiel sich mit vorgestreckter Hand den befestigten Radweg entlangtastete. In der anderen Hand trug er einen Baumwollbeutel mit zwei Flaschen Milch.
»Neumond und dann auch noch dicke Wolken«, brummte er vor sich hin. »Eigentlich müsste ich jetzt am Hof der van Ommens sein.« Er spähte nach rechts, aber so sehr er sich auch anstrengte, es war nichts zu erkennen.
Nächstes Mal geh ich nicht ohne die Lampe, dachte er, *dann muss Erica eben zusehen, dass sie um halb acht zu Hause ist. So muss es ja schieflaufen ...*
Er sollte recht behalten. Obwohl er langsam ging und seine Schritte vorsichtig setzte, stieß er mit dem Beutel an einen der Begrenzungspfosten des Feldweges.
Mist! Er befühlte den Stoff. Nass – eine der Flaschen war zerbrochen. Jammerschade um die gute Milch, die ihm zu allem Überfluss auch noch in die Holzpantinen tropfte.
Reichlich verärgert, aber noch vorsichtiger als zuvor ging er weiter. Menschenskind, bei dieser Dunkelheit sah man kaum die Hand vor Augen. Er war gerade mal fünfhundert Meter von zu Hause weg und kannte den Weg wie seine Westentasche, trotzdem würde er es kaum schaffen, vor acht zurück zu sein.
Plötzlich nahm er einen schwachen Lichtschein wahr. Er musste aus dem Haus der Bogaards kommen, die es mit der Verdunkelung nicht so genau nahmen. Mehr als eine brennende Kerze gab es bei ihnen ohnehin nicht zu verdunkeln.

Jetzt kamen jedenfalls bis zur Straße keine Pfosten mehr, und von dort aus würde er schneller vorankommen, weil die Häuser dichter standen und aus manchen spärliches Licht fiel.
Mit einem Mal meinte er, Schritte zu hören. Was eigentlich nicht sein konnte, denn inzwischen war es sicher schon acht, und dann durfte man sich nicht mehr im Freien aufhalten.
Michiel merkte, dass der Untergrund sich änderte: Er hatte die Straße erreicht. Jetzt nach rechts und aufpassen, dass er nicht in den Wassergraben tappte.
Wie vermutet, kam er nun zügiger voran. Er sah die schattenhaften Umrisse der Häuser. Hier wohnten die de Ruiters, da Fräulein Doeven, dort die Familie Zomer, dann kamen die Schmiede, das Gebäude des Grünen Kreuzes ... gleich würde er zu Hause sein.
Plötzlich blitzte vor ihm eine elektrische Taschenlampe auf, deren Licht ihm direkt in die Augen schien. Michiel bekam einen Riesenschreck.
»Acht Uhr gewest«, sagte ein Mann in gebrochenem Niederländisch. »Ich nehm dich gefangen. Was tragst du mit dir? Handgranaten?«
»Mach sofort die Lampe aus, Dirk«, sagte Michiel. »Bist du verrückt, mich so zu erschrecken?«
Trotz der verstellten Stimme wusste er, dass der Sohn ihrer Nachbarn vor ihm stand. Dirk Knopper war einundzwanzig, hatte eine Schwäche für dämliche Scherze und würde es notfalls sogar mit dem Teufel aufnehmen.
»Das härtet ab«, sagte er nur. »Außerdem ist es wirklich nach acht. Der erstbeste Deutsche kann dich abknallen, weil du eine Gefahr fürs Großdeutsche Reich darstellst. Heil Hitler!«
»Pssst! Schrei nicht so rum!«

»Was soll's«, meinte Dirk leichthin. »Den Namen Hitler hören unsere Besatzer doch gern.«
Gemeinsam gingen sie weiter. Dirk schirmte mit einer Hand die Taschenlampe ab, sodass nur ein schmaler Lichtstreifen auf den Weg fiel. Michiel war heilfroh, dass er den Straßenrand jetzt deutlich sah.
»Woher hast du die elektrische Taschenlampe und vor allem die Batterie?«
»Den Moffen geklaut.«
»Das kannst du deiner Oma erzählen.«
»Stimmt aber. Bei uns sind doch zwei Offiziere einquartiert. Diese Woche hatte der eine, der Dicke, du weißt schon, einen Karton mit gut zehn solcher Lampen in seinem Zimmer stehen. Das heißt natürlich, in *unserem* Zimmer. Da hab ich eine geklemmt.«
»Wie? Du gehst einfach in deren Zimmer?«
»Klar, und zwar jeden Tag. Wenn sie fort sind, peil ich dort die Lage. Ich muss bloß aufpassen, dass mein Vater nichts davon mitkriegt. Der ist ein echter Hasenfuß. Wenn er wüsste, dass ich die Lampe genommen hab, würde er nachts kein Auge mehr zutun. Aber das kann er sowieso nicht, wegen Rinus de Raat. So, ich wär jetzt zu Hause. Siehst du genug?«
»Ja, ich komm schon klar. Grüß deine Eltern.«
Michiels Holzpantinen knirschten über den Kies, als er durch den Vorgarten ging. Er war froh, dass Dirk die zerbrochene Flasche nicht bemerkt hatte, bestimmt hätte er auch darüber blöde Witze gemacht.

Im Wohnzimmer verbreitete die Karbidlampe noch helles Licht, wie immer am frühen Abend, wenn Vater sie frisch aufgefüllt hatte. Wegen des penetranten Gestanks war das Füllen der Lampe eine unbeliebte Arbeit, doch wenn der Behälter erst einmal verschlossen und die Flamme am Brenner entzündet war, roch man nichts mehr. Dann gab die Lampe fast so viel Licht wie eine elektrische. Mit der Zeit wurde es jedoch schwächer, und nach halb zehn brannte nur noch ein kleines blaues Flämmchen, das gerade mal eine grobe Orientierung im Raum ermöglichte.

Michiel las gern. Tagsüber wäre es hell genug dafür, aber da hatte er keine Zeit. Und am Abend, wenn er Zeit hatte, haperte es mit dem Licht. Im Bücherschrank seines Vaters hatte er achtzehn vergilbte Bücher von Jules Verne entdeckt, die er unbedingt lesen wollte. Am frühen Abend ging das ein paar Meter von der Lampe entfernt, später konnte er die Buchstaben nur noch erkennen, wenn er sich an den Tisch setzte und das Buch direkt vor die Flamme schob. Und der Tisch war in aller Regel voll besetzt, vor allem wenn Gäste im Haus waren.

Auch heute wieder. Außer den Eltern und seinen Geschwistern Erica und Jochem saßen noch gut zehn Personen in der Stube, von denen er – abgesehen von Onkel Ben – auf den ersten Blick niemanden kannte. Seine Mutter stellte ihn reihum vor. Er begrüßte Herrn und Frau van der Heiden, die ihn, wie sie sagten, früher auf dem Schoß gehalten hatten. Das konnte durchaus stimmen, denn sie kamen aus Vlaardingen, und dort war Michiel geboren. Dann eine steinalte Dame, die sich Tante Gerdie nannte und ihm ihre runzlige Wange zum Kuss hinhielt. Von einer Tante dieses Namens hatte Michiel noch nie gehört, doch seine Mutter erklärte rasch, sie sei eine Urgroßtante von Vater und dieser habe die Gute vor zwanzig Jahren zum letzten Mal gesehen. Was »die Gute« sogleich heftig bestritt – sooo lange sei das nun auch wieder nicht her! Dazu zwei Frauen, die sich erstaunt darüber gaben, wie groß er inzwischen geworden sei, ein jovialer Mann mittleren Alters, der ihn trotz seiner kaum sechzehn Jahre mit »Bruder« anredete, und noch eine Handvoll weiterer Gäste, die ihn samt und sonders gut zu kennen schienen.

Michiel wusste, dass die Leute aus den großen Städten im Westen des Landes kamen und der Hunger sie nach Osten und Norden trieb, vor allem jetzt, zu Anfang des Winters 1944/45 im fünften Kriegsjahr. Weil keine Züge mehr fuhren, gingen sie zu Fuß, oft weit über hundert Kilometer. Mit Leiterwagen, Kinderkarren und Fahrrädern ohne Reifen auf den Felgen zogen sie die Straßen entlang. Und weil die deutschen Besatzer für abends eine Ausgangssperre verhängt hatten, war es nützlich, wenn man Bekannte hatte, die irgendwo an der Strecke wohnten. Michiels Eltern hatten bisher nicht gewusst, dass sie so viele Leute kannten oder besser gesagt: dass so viele Leute *sie* kannten.

Jeden Abend ab etwa sieben Uhr klingelte es immer wieder an der Haustür, und auf der Schwelle stand dann, wie beispielsweise neulich, eine unbekannte Frau, die freudig rief: »Hallo zusammen! Wie geht's euch? Erkennt ihr mich denn nicht? Ich bin doch Miep. Miep aus Den Haag. Ich hab ja so oft an euch gedacht.« Man hätte darüber lachen können, wären die Umstände nicht so traurig gewesen. Denn Miep war, wie sich erwies, eine Frau, der Michiels Eltern ein einziges Mal bei gemeinsamen Bekannten begegnet waren. Doch angesichts der Tatsache, dass Miep unterernährt und am Ende ihre Kräfte war, nachdem sie den weiten Weg zu Fuß in zerschlissenen Turnschuhen zurückgelegt hatte, nur um in Overijssel ein paar

Kilo Kartoffeln für ihre Enkelkinder zu ergattern, gab Michiels Mutter sich gastfreundlich, bat die erschöpfte Frau ins Haus, stellte ihr einen Teller Erbsensuppe hin und bot ihr ein Bett oder zumindest eine Matratze auf dem Boden als Nachtlager.

Als Michiel die Runde gemacht hatte, griff er nach der Kneifkatze und ging in die Küche. Seine Mutter folgte ihm.

»Ich hab eine Flasche zerbrochen, Mutter. Tut mir leid.«

»Du liebe Güte, auch das noch! Konntest du nicht besser aufpassen?«

Michiel ließ den Hebel der Taschenlampe los, mit dem man sie zum Leuchten brachte, und schob das Verdunkelungsrollo ein Stück hoch.

Tintenschwarze Dunkelheit.

»Der Mond scheint nicht, und ich hatte die Kneifkatze nicht mit«, erklärte er, ließ das Rollo wieder fallen und begann, den Hebel zu drücken, damit sie einigermaßen sehen konnten.

Mutter strich ihm übers Haar, weil ihr die Rüge bereits leid tat. *Er arbeitet wie ein erwachsener Mann*, dachte sie, *und geht mutterseelenallein durch die Dunkelheit, um Milch zu holen, was ich selbst mich nicht trauen würde, und dann mache ich ihm auch noch Vorwürfe* ...

»War nicht böse gemeint, Michiel«, sagte sie. »Du kannst ja nichts dafür. Es ist mir so rausgerutscht, weil ich an die vielen Leute da in der Stube gedacht habe, die Kaffee trinken wollen.«

Richtigen Kaffee gab es schon lange nicht mehr. Auf den Tisch kam eine braune Ersatzbrühe, an der die warme Milch noch das Beste war.

»Noch mal gehen kann ich nicht, es ist schon nach acht«, sagte Michiel. »Wenn du mir eben leuchtest, hol ich die Scherben aus der Tasche.«

»Lass nur, das hat bis morgen Zeit. Gib mir einfach die andere Flasche. Wie ist es denn passiert?«

»Ich bin an einen Pfosten gestoßen, nicht weit von van Ommens Hof. Soll ich die Milch in den Topf gießen?«

»Ich mach das schon.«

Wenige Minuten später standen sie wieder in der Wohnstube, wo Mutter die Milch auf dem eisernen Kohleofen erwärmte. Er wurde mit Holzscheiten beheizt, denn Kohlen gab es nicht mehr.

Beim Kaffeetrinken erzählten die Gäste, wie es in den Städten zuging. Hunger, Kälte und die Angst vor Verhaftungen bestimmten dort das Dasein. Es fehlte an allem, und dazu kam die allgemeine Unsicherheit: Fast jeder hatte einen Bekannten oder Verwandten, der untergetaucht lebte oder in ein Konzentrationslager verschleppt oder durch die Bombardierungen obdachlos geworden war. Man spekulierte, wie lange der Krieg wohl noch dauern würde, freute sich über das Vorrücken der amerikanischen Truppen unter General Patton an der Westfront und tauschte sich über die Verluste der Deutschen im Osten aus.

Unweigerlich folgten Witzeleien über den Krieg. Anton Mussert, der Führer des NSB, der nationalsozialistischen Partei in den Niederlanden, sei – so hieß es – mit seiner eigenen Tante verheiratet. Herr van der Heiden wusste von einem Kinobesuch zu erzählen, bei dem Mussert in der Wochenschau zu sehen war. Jemand ganz vorn im Saal habe »Anton!« gerufen, und daraufhin habe ein anderer weiter hinten mit hoher Stimme »Ja, Tante?« geantwortet. Solche Geschichten munterten die Runde ein wenig auf, und Onkel Ben fragte: »Habt ihr schon gehört, dass Göring, Goebbels und Hitler gewettet haben, wer es am längsten in einem Iltisbau aushält? Nein? Dann hört zu. Göring macht mutig den Anfang. Nach einer Viertelstunde kommt er grün im Gesicht wieder heraus. Nach ihm ist Goebbels an der Reihe. Er hält es eine halbe Stunde aus. Schließlich kriecht Hitler hinein. Fünf Minuten später flüchtet der Iltis aus dem Bau.« Alle lachten und genossen es, dass die Anspannung für kurze Zeit von ihnen abfiel.

Die Karbidlampe war inzwischen kurz vor dem Erlöschen. Mit brennenden Kerzenstümpfen suchten alle ihre Betten oder Matratzen auf. Michiel sah noch rasch nach, ob genügend Anmachholz für den nächsten Morgen bereitlag.

Weil keine Kerze mehr übrig war und seine Mutter die Taschenlampe an sich genommen hatte, tastete er sich die Treppe hinauf in sein Dachbodenzimmer, zog sich im Dunkeln aus und schlüpfte ins Bett.

In der Ferne war das Brummen eines Flugzeugmotors zu hören.

»Rinus de Raat«, murmelte Michiel. »Hoffentlich kommt er nicht hierher ...« Dann schlief er ein und bekam nichts mehr mit von der tausendsechshundertelften Nacht der deutschen Besatzung.

A ls am 10. Mai 1940 deutsche Truppen auf Befehl des Führers Adolf Hitler in den Niederlanden und in Belgien einfielen, war Michiel van Beusekom elf Jahre alt und lauschte den aufgeregten Radiomeldungen von Fallschirmjägern »über Ypenburg, wiederhole Ypenburg« und »Waalhaven, wiederhole Waalhaven«. Den ganzen Tag waren damals verwegen aussehende niederländische Soldaten zu Pferd durchs Dorf gezogen und hatten den Mädchen Scherzworte zugerufen. Michiel war zu dem Schluss gekommen, der Krieg müsse eine spannende Sache sein, und hoffte, dass er recht lange dauern würde.

Die ersten Zweifel stellten sich bereits nach fünf Tagen ein, als das niederländische Heer den ungleichen Kampf aufgab. Vater wurde bleich, als er die Meldung im Radio hörte, und Mutter weinte.

Für viele Familien im Dorf begann nun die Sorge um ihre Söhne, die bei den Soldaten waren. Vierzehn insgesamt. Von acht kam schon bald Nachricht, sie seien unversehrt, von drei weiteren vernahm man ein paar Tage später das Gleiche. Aber von den drei übrigen hörte man nichts. Es waren Gerrit, der Sohn des Bäckers, Hendrik Bosser, ein Bauernjunge, und der Sohn des Gärtners, der wegen seines weißblonden Haarschopfs von allen »Weißer Maas« gerufen wurde. Michiel hatte lange auf der umgedrehten Schubkarre von Maas' Vater gesessen und zugesehen, wie er bei ihnen im Garten arbeitete. Kein Wort war ihm über die Lippen gekommen, er war seiner Arbeit nachgegangen wie immer. Auch eine Woche später, nachdem Gerrit und Hendrik wieder da waren. Gerrit war in Gefangenschaft gewesen. Grinsend erzählte er, ein deutscher Offizier habe verdutzt auf die Sommersprossen gedeutet, die sein Gesicht über und über bedeckten. »Das sind die rostigen Enden meiner Stahlnerven«, habe er dem Mann erklärt und dabei eine Miene gemacht, als wäre der Krieg noch lange nicht verloren. Hendrik Bosser hatte schlichtweg vergessen, nach Hause zu schreiben. Der Weiße Maas aber lag auf dem Ehrenfriedhof Grebbeberg bei Rhenen. Sein Vater jätete auch danach im Garten von Michiels Eltern und sagte kein Wort.

Schon damals, kurz nach dem 10. Mai 1940, war Michiel klar geworden, dass sein Wunsch dumm gewesen war und der Krieg besser heute als morgen zu Ende ginge. Aber das wiederum war ein frommer Wusch. Vier Jahre und fünf Monate dauerte er inzwischen und war immer schlimmer geworden.

Im Juni 1944 waren die Amerikaner und die Engländer in Frankreich gelandet und nun dabei, die Deutschen zurückzudrängen. Sie hatten bereits den Süden der Niederlande befreit, aber noch nicht die Nordprovinzen jenseits der großen Flüsse. Im September hatten sie einen Vorstoß gewagt, doch bei der Schlacht von Arnheim hatten die Deutschen gesiegt.

Und nun stand wieder ein Winter vor der Tür. Ein rabenschwarzer Winter. Die deutschen Besatzer, die allmählich ihre Felle davonschwimmen sahen, hausten wie noch nie. Sie beschlagnahmten alles Essbare, um es nach Deutschland zu bringen, sodass vor allem die Bewohner der großen Städte hungerten. Den Luftraum beherrschten mittlerweile amerikanische und englische Jagdflugzeuge, die sämtliche Transportmittel beschossen, sodass die Deutschen gezwungen waren, ihre Transporte im Schutz der Nacht vorzunehmen.

Das Dorf de Vlank, dessen Bürgermeister Michiels Vater war, lag am Nordrand der Veluwe, nicht weit von der Stadt Zwolle. Zwischen Zwolle und de Vlank aber floss die Ijssel, und darüber führten zwei Brücken, eine für Autos und eine zweite für die Eisenbahn. Die Alliierten setzten alles daran, möglichst viele Brücken zu zerstören, um den Deutschen die Transportwege abzuschneiden. Die Brücken eigneten sich außerdem gut als Kontrollpunkte. Soldaten hielten dort junge Männer an, um sie zum Arbeitseinsatz in deutsche Rüstungsfabriken zu schicken, und verhafteten Leute, die ohne gültigen Ausweis unterwegs waren.

Aus diesem Grund erkundigten sich viele Durchreisende in de Vlank, zu welchen Zeiten man die Autobrücke sicher passieren konnte und wie scharf dort kontrolliert wurde. Der Bürgermeister hatte den Ruf, kein Freund der Deutschen zu sein, weshalb sich jeden Abend zahlreiche Übernachtungsgäste bei den van Beusekoms einfanden.

Am Morgen nach dem Missgeschick mit der Milchflasche stand Michiel früh auf. Zu seiner Verwunderung war Onkel Ben bereits dabei, den Ofen anzuheizen. Michiel und seine Geschwister nannten ihn so, obwohl er nicht mit ihnen verwandt war. Er kam aber oft und blieb meist ein paar Tage. Jeder andere wäre auf Dauer als lästiger Esser betrachtet worden, Onkel Ben jedoch brachte immer etwas mit, diesmal fünfzig Gramm Tee für Mutter und eine Zigarre für Vater.

»Guten Morgen, Onkel Ben.«

»Michiel, du kommst wie gerufen. Ich muss heute zusehen, dass ich einen halben oder noch besser einen ganzen Zentner Kartoffeln auftreibe. Was meinst du, wo gehe ich da am besten hin?«

»Vielleicht zu Bauer van de Bos. Der wohnt ziemlich abgelegen, eine gute halbe Stunde mit dem Rad von hier. Dort kommen nicht viele Leute hin. Soll ich dich begleiten?«

»Gern.«

Allmählich wurde es wohlig warm in der Stube. Der Ofen bullerte und fauchte. Das feuchte Holz, das sie immer zum Heizen verwendeten, konnte so gut nicht brennen. Michiel öffnete den Deckel der alten Eichenkiste. Leer. Onkel Ben hatte doch glatt alles Anmachholz in den Ofen gesteckt!

»Du hast die ganzen Verzweiflungsscheite verbraucht!«, sagte Michiel vorwurfsvoll.

»Die was?«

»Die Verzweiflungsscheite.«

»Was soll das sein?«

»Die dünnen, trockenen Scheite zum Anfeuern aus der Kiste. Weißt du, manchmal ist Mutter am Verzweifeln, zum Beispiel, wenn der Herd ausgeht, bevor sie das Essen fertig hat. Nur dann nimmt sie das Holz aus dieser Kiste. Vater und ich spalten es abwechselnd und lagern es hinterm Ofen, bis es knochentrocken ist.«

Onkel Ben machte eine schuldbewusste Miene. »Ich sorge höchstpersönlich dafür, dass die Kiste wieder voll wird«, versprach er.

Das wird dich eine gute Stunde kosten, dachte Michiel, sagte aber nichts. Er nickte nur und bot auch nicht an, es selbst zu erledigen, denn wer mit dem Anmachholz sinnlos umging, der musste eben dafür geradestehen.

Nach und nach erschienen auch die Übernachtungsgäste. Frau van Beusekom setzte jedem zwei Scheiben Brot und einen Teller Milchbrei vor. Nach dem Frühstück bedankten sie sich

und brachen auf; manche nach Norden, wo sie hofften, einen Zentner Roggen oder einen Sack Kartoffeln kaufen zu können, andere nach Westen, nach Hause, wo ihre Angehörigen mit aufgeblähten Hungerbäuchen auf sie warteten.
Nachdem auch die Familie gefrühstückt hatte, fragte Onkel Ben, ob Michiel ihn nun zu Bauer van de Bos begleiten wolle.
Michiel warf einen vielsagenden Blick auf die leere Holzkiste und meinte dann, er müsse erst bei Wessels vorbei, dem er ein paar Kaninchen versprochen habe.
Onkel Ben schickte sich drein, suchte ein Beil und ging zum Hackklotz hinter dem Schuppen.
Michiel fütterte erst seine dreißig Kaninchen, wählte dann drei aus, wog sie und machte sich auf den Weg zu Wessels, fest entschlossen, mindestens fünfzehn Gulden zu verlangen.
Zur Schule ging er schon seit Monaten nicht mehr. Offiziell war er in die zehnte Gymnasiumsklasse versetzt worden, aber inzwischen kam man nicht mehr ohne Weiteres nach Zwolle.
Am ersten Schultag nach den Sommerferien hatte er, wie üblich, den Zug genommen. Aber schon bei Vlankenerbroek hatte ein englisches Jagdflugzeug über dem Zug gekreist, sodass dieser anhielt und alle Mitfahrenden auf die Felder hinausliefen, um sich in Sicherheit zu bringen.
Kaum waren sie weit genug entfernt, flog der Pilot ein paar Mal niedrig über die Lokomotive hinweg und legte sie mit Maschinengewehrsalven lahm.
Danach war es aus gewesen mit den Fahrten nach Zwolle. Und das Rad konnte Michiel nicht nehmen, weil es keine Fahrradschläuche mehr gab und die Strecke anders nicht zu bewältigen war. Außerdem hielten seine Eltern den Schulweg inzwischen für zu gefährlich und meldeten ihn deshalb vorübergehend

ab. Ansonsten trafen sie kaum noch Entscheidungen für ihren Sohn, der durch die harten Kriegszeiten schnell selbstständig geworden war. Tagsüber war Michiel jetzt oft unterwegs, arbeitete bei den Bauern und brachte abends Butter, Eier und Speck mit. Dazu handelte er mit Kaninchen und reparierte für Vorüberziehende kaputte Schubkarren und Leiterwagen.

Von einigen Dorfbewohnern wusste er, dass sie Juden beherbergten, er wusste auch, in welchen Familien man illegale Radiosender hörte und dass Dirk sich dem Widerstand angeschlossen hatte. Michiel behielt all diese Dinge für sich, weil er vom Wesen her verschlossen war und keinerlei Bedürfnis verspürte auszuplaudern, was ihm so zu Ohren kam.

Als er mit siebzehn Gulden in der Tasche von Wessels zurückkam, traf er am Gartenzaun Dirk.

»Moin.«

»Ich muss mir dir reden«, sagte Dirk. »Unter vier Augen.«

»Komm mit in den Schuppen. Was gibt's denn?«

Aber Dirk schwieg, bis sie im Schuppen waren.

»Kann uns auch niemand hören?«, fragte er.

»Hier ist kein Mensch, sprich dich ruhig aus. Außerdem kannst du jedem von uns trauen. Also, worum geht's?«

»Schwör mir, dass du keinem was sagst.« Dirk machte eine ungewohnt ernste Miene.

»Ehre schwöre«, sagte Michiel.

»Heute Abend überfallen wir zu dritt die Zuteilungsstelle in Lagezande«, sagte Dirk leise.

Michiel wurde mulmig bei der Vorstellung. Er fragte sich, weshalb Dirk ihn in diesen gefährlichen Plan einweihte, ließ sich aber nichts anmerken.

»Und warum?«, fragte er nur.

»Weil sich hier in der Gegend viele Untertaucher aufhalten, die keine Marken für Brot, Zucker, Kleidung, Tabak und so bekommen.«
»Verstehe.«
»Gut«, sagte Dirk. »Wir überfallen also die Zuteilungsstelle, nehmen sämtliche Marken mit und verteilen sie an diejenigen, die Leute bei sich versteckt haben.«
»Und wie wollt ihr den Tresor aufkriegen?«
»Ich schätze mal, dass van Willigenburg den brav für uns aufschließt.«
»Wer ist das?«
»Der Amtsvorsteher. Der Mann ist in Ordnung. Ich weiß, dass er heute Überstunden schiebt, also gehen wir hin und fordern die Marken. Ich glaub kaum, dass er Schwierigkeiten macht.«
»Wer sind die beiden anderen?«
»Geht dich nichts an.«
Michiel grinste. Dirk tat natürlich gut daran, keine Namen zu nennen. »Und warum erzählst du mir das alles?«, fragte er.
»Weil ich hier einen Brief habe, der zu Bertus van Gelder muss, wenn irgendwas schiefläuft. Machst du das?«
»Bertus Schwerhörig? Ist der etwa auch beim Widerstand?«
»Frag nicht so viel. Gib ihm den Brief und damit hat sich's. Klar?«
»Ja. Aber es wird doch wohl nichts schieflaufen, oder?«
»Vermutlich nicht, aber wissen kann man's nie. Hast du ein sicheres Versteck für den Brief?«
»Ja, gib nur her.«
Dirk zog einen Umschlag unter seinem Pullover hervor. Er war zugeklebt und trug keine Aufschrift.
»Wo versteckst du ihn?«

»Geht dich nichts an.«
Jetzt musste Dirk grinsen. »Morgen komm ich und hol ihn wieder«, sagte er.
»Okay. Lass dich nicht erwischen.«
»Ach was. Und du passt gut auf den Brief auf, ja? Tschau.«
Pfeifend verließ Dirk den Schuppen.
Michiel öffnete die Tür zum Hühnerstall und ging zu den Legenestern. Er nahm das Stroh aus dem vierten Nest von rechts, hob das Bodenbrett an und schob den Brief darunter. Dann versetzte er alles wieder in den vorherigen Zustand.
Den Brief findet kein Mensch, dachte er, als er in sein Dachbodenzimmer ging. Dort schrieb er mit Bleistift 4R auf die obere Bettlade: viertes Nest von rechts. Er würde es zwar nicht vergessen, aber sicher war sicher.
So, das war erledigt. Was nun? Ach ja, sie wollten doch zu Bauer van de Bos.
Michiel ging nach unten. Am Fuß der Treppe traf er Onkel Ben, der gerade einen Armvoll Anmachscheite in die Stube trug und mit schelmischer Miene fragte: »Na, ist der Chef mit mir zufrieden?«
»Erstklassige Arbeit«, lobte Michiel. »Wollen wir los? Vielleicht kannst du dir Vaters Rad leihen.«
»Hab ihn schon gefragt«, sagte Onkel Ben. »Das geht in Ordnung. Wie steht's mit deinem Drahtesel, fährt er noch?«
»Auf einem Vollgummi- und einem Holzreifen«, sagte Michiel munter. »Das holpert zwar ordentlich, aber ich bin inzwischen dran gewöhnt.«
»Sehr gut. Dann also Abmarsch.«

Unterwegs erzählte Onkel Ben von seiner Widerstandsgruppe in Utrecht.
»Wir organisieren hauptsächlich Fluchtwege«, sagte er.
»Flucht aus dem Gefängnis? Geht so was denn?«
»Nein, nicht aus dem Gefängnis, auch wenn das durchaus drin ist. Ich meine Fluchtwege ins Ausland. Es werden immer wieder englische oder amerikanische Flugzeuge abgeschossen. Wenn die Piloten überleben, verstecken sie sich und suchen dann Kontakt mit dem Widerstand. Und wir bemühen uns, sie außer Landes zu schleusen. Entweder nachts per Schiff oder auf dem Landweg über Spanien.«
Ein niedrig über sie hinwegrasendes Flugzeug unterbrach Onkel Ben. Dann fuhr er fort: »Es gibt auch Widerständler, die deutsche Soldaten erschießen. So was finde ich absolut unverantwortlich, weil es meist zur Folge hat, dass die Moffen willkürlich irgendwelche Leute als Geiseln nehmen und sie kurzerhand abknallen.«
Michiel nickte. Auf diese Weise war erst vor Kurzem ein Amtskollege seines Vaters in einer Nachbargemeinde zu Tode gekommen. »Klappt das denn immer mit dem Rausschleusen?«, fragte er.
»Leider nicht. Manche werden unterwegs gefasst und kommen dann in Kriegsgefangenenlager. Und wenn ein Niederländer dabei ist, stellen sie den unweigerlich an die Wand. Natürlich erst, nachdem sie sämtliche Kontakte aus ihm rausgeprügelt haben. Deshalb gehen wir das Ganze so an, dass die beteiligten Fluchthelfer möglichst wenig voneinander wissen.«
»Und du bist einer davon.«
»Nicht direkt. Ich besorge lediglich gefälschte Papiere. Die fertigen ein paar Untertaucher für mich an, die darin so gut sind,

dass sie nach dem Krieg große Karrieren als Fälscher machen und steinreich werden könnten.« Onkel Ben lachte.
Es war nicht ganz einfach, sich über das Rattern von Michiels Holzreifen hinweg zu unterhalten. Außerdem mussten sie nun rechts abbiegen und konnten auf dem schmaleren Radweg nicht mehr nebeneinander fahren. Weil Michiel den Weg kannte, fuhr er voran.
Bauer van de Bos fand sich bereit, Onkel Ben einen halben Sack Kartoffeln zu geben. Eigentlich war es strengstens verboten, Getreide und Ähnliches zu verkaufen, denn die Bauern mussten ihre gesamte Ernte beim Bauernbund abliefern, der wiederum den Deutschen unterstand. Van de Bos musterte Onkel Ben denn auch argwöhnisch, doch weil er in Begleitung des Sohns ihres integren und allseits beliebten Bürgermeisters gekommen war, zögerte er nicht lange und nahm auch nur zwanzig Cent pro Kilo.
»Hochanständige Leute, die hiesigen Bauern«, meinte Onkel Ben auf dem Rückweg.
»Ja, jetzt sind sie gut genug«, sagte Michiel. »Aber vor dem Krieg habt ihr Städter sie ›dämliche Mistbauern‹ und was weiß ich noch genannt.«
»Ich nicht. Vor Bauern hab ich seit jeher große Achtung.«
Der weitere Tag verlief ruhig. Einmal hörte man Schüsse in der Ferne, Richtung Ijssel, aber das war man inzwischen so gewohnt, dass niemand mehr wirklich darauf achtete.
Michiel fütterte die Hühner und seine Kaninchen, trug für seinen Vater einen Brief zu einem Gemeinderat, weil das Telefon außer Betrieb war, und half einem vorbeiziehenden Mann, dessen Karre voller Kartoffeln zusammengebrochen war. Kurzum, er machte sich nützlich und wünschte sich dabei jedes Mal,

wenn er an Dirks Vorhaben dachte, es wäre schon morgen. An sich konnte ja nicht viel passieren, denn solche Überfälle kamen öfter vor, aber trotzdem ...

Am Abend füllte sich das Haus wie immer mit Fremden, die sich als alte Bekannte ausgaben. Zwischen neun und zehn hörte man das anhaltende Dröhnen von Flugzeugen: amerikanische Bomber, die auf dem Weg nach Deutschland waren.
»Das kostet wieder viele Zivilisten das Leben«, seufzte Frau van Beusekom.
Ihr Mann sowie Michiel und Erica dachten anders darüber.
»Selber schuld«, sagte der Bürgermeister laut. »*Sie* haben mit dem grässlichen Krieg angefangen und als Erste offene Städte wie Warschau und Rotterdam bombardiert. Das ist nun der Preis.«
»Aber das kleine Mädchen in Bremen, das nachher vielleicht einen Bombensplitter ins Bein bekommt, kann doch nichts dazu«, wandte Frau van Beusekom ein. »Der Krieg ist so grausam ...«
Mittlerweile war das Dröhnen verklungen, und die Karbidlampe gab allmählich den Geist auf.
Michiel ging ins Freie und spähte zum Nachbarhaus hinüber. Nichts zu sehen, nichts zu hören. Bestimmt ist Dirk längst wieder zurück, sagte er sich zur Beruhigung.
Er wollte gerade wieder hineingehen, als er ein Auto kommen hörte. Instinktiv presste er sich an die Hauswand.
Das Auto fuhr nicht schnell, weil die abgeklebten Scheinwerfer nur einen schmalen Streifen Licht warfen.
Zu Michiels Schrecken hielt es vor dem Haus der Knoppers.
Eine Taschenlampe flammte auf.

Michiel presste sich noch fester an die Wand.
Den Schritten nach zu urteilen, gingen mehrere Männer durch den Vorgarten. Sekunden später wurde Sturm geklingelt und gegen die Tür getreten.
»Aufmachen!«
Offenbar kam Dirks Vater dem Befehl sofort nach, denn Michiel hörte ihn mit unsicherer Stimme etwas sagen, dann folgten barsche Worte auf Deutsch. Schließlich betraten die Männer das Haus, und es wurde still.
Mist nochmal, es ist schiefgelaufen, dachte Michiel. *Sie haben Dirk geschnappt oder wissen zumindest, dass er an dem Überfall beteiligt war.* Das Herz schlug ihm bis zum Hals.
In diesem Moment ging die Hintertür auf, und sein Vater rief mit gedämpfter Stimme: »Michiel, bist du im Schuppen?«
»Ich bin hier«, flüsterte Michiel.
Sein Vater, der kaum einen halben Meter entfernt stand, fuhr zusammen und gab einen kleinen Schreckenslaut von sich.
»Pssst!«
»Was um Himmels willen treibst du da?«
»Bei Knoppers ist Hausdurchsuchung.«
Herr van Beusekom lauschte angespannt in die Dunkelheit. Aber es war nur das Bellen eines Hundes zu hören.
»Wie kommst du darauf?«, fragte er.
»Ich hab die Männer reingehen sehen. Sie hätten fast die Tür eingetreten.«
»Ich kann mir nicht vorstellen, dass Knopper je was gegen die Deutschen unternommen hätte. Außerdem haben sie Einquartierung. Oder meinst du, die Soldaten durchsuchen alle Häuser nacheinander?«
»Nein, sie sind direkt zu Knoppers gefahren.«

»Ob es um Dirk geht? Aber der ist doch unabkömmlich und hat es schriftlich, dass er nicht zum Arbeitseinsatz nach Deutschland muss. Ist er womöglich im Widerstand aktiv?«
Einen Moment lang war Michiel versucht, von dem Überfall in Lagezande und dem versteckten Brief zu erzählen. Aber er schwieg, und auch sein Vater sagte weiter nichts.
Gedankenversunken starrten sie zum Nachbarhaus hinüber, als dort plötzlich die Tür aufging. Die Soldaten kamen heraus und gingen zum Auto, soweit Michiel und sein Vater sehen konnten, ohne jemanden mitzunehmen.
Frau Knopper stand im Lichtschein der offenen Haustür und rang die Hände: »Bitte nicht erschießen!«, rief sie flehend. »Er ist doch unser einziges Kind. Tun Sie ihm nichts, bitte!«
Autotüren schlugen zu, dann fuhr der Wagen davon.
»Ich geh mal rüber«, sagte Michiels Vater. »Sagst du bitte Mutter Bescheid?«
»Ist gut.«
Michiel ging ins Haus. Die Gäste hatten sich bereits schlafen gelegt, nur seine Mutter machte sich noch beim Schein einer Kerze in der Küche zu schaffen.
Michiel erzählte, was sie beobachtet hatten, und sagte dann: »Ich warte noch auf Vater.«
»Tu das, aber bettfertig machen kannst du dich trotzdem schon mal.«
Michiel tastete sich die Treppe hinauf. Er war fast oben, als er sah, dass schwaches Licht aus seinem Zimmer kam.
»Nicht erschrecken, ich bin's nur.« Onkel Bens Stimme.
»Was, um Himmels willen, machst du hier?«
»Ich hab ein Englisch-Wörterbuch gesucht«, sagte Onkel Ben, »und auch gefunden. In deinem Bücherregal. Ich muss an ei-

nen Kontaktmann im Ausland schreiben, aber mein Englisch ist ziemlich eingerostet. Mal sehen ... da steht es ja: Dynamit. Ach so, *dynamite*. Hätte ich mir auch denken können. Dann also gute Nacht, Michiel.«

»Du kannst das Wörterbuch ruhig leihen. Ich brauch es nicht, solange ich nicht in die Schule kann. Und im Alltag nutzt mir leider das Deutsch-Wörterbuch mehr.«

»Ist nicht nötig. Aber danke jedenfalls.« Onkel Ben zog sich in das kleine Zimmer im ersten Stock zurück, in dem er immer schlief.

Als Michiel seinen Schlafanzug anhatte, ging er in die Küche zu seiner Mutter und wartete. Es dauerte nicht lange, da kam Vater mit bedrückter Miene herein.

»Dirk soll an einem Überfall auf die Zuteilungsstelle in Lagezande beteiligt gewesen sein und ist erwischt worden«, berichtete er. »Frau Knopper sagt, ein Komplize sei dabei erschossen worden. Die Soldaten haben das Haus durchsucht, aber nicht allzu gründlich, soweit ich das mitbekommen habe, und nichts Belastendes gefunden. Die Knoppers sind jedenfalls mit den Nerven am Ende.«

»Das glaub ich gern«, seufzte Frau van Beusekom. »Was jetzt wohl mit Dirk geschieht?«

In dieser Nacht schlief Michiel schlecht. Zwischendurch träumte er, aber die meiste Zeit lag er wach und dachte an den Brief und an Dirk, der in seiner Lage wahrhaftig nicht zu beneiden war. Den Deutschen in die Hände zu fallen, war schlicht eine Katastrophe, zumal wenn sie etwas aus einem herausbekommen wollten. *Ich muss mich morgen ganz normal verhalten*, dachte Michiel, *damit keiner merkt, was ich vorhabe. Niemand darf es mitkriegen, wenn ich zu Bertus gehe, ich muss aufpassen wie ein Schießhund.*
Obwohl Michiel das Gefühl hatte, kein Auge mehr zutun zu können, war es unversehens Morgen.
Er verrichtete seine üblichen Arbeiten, und erst um zehn holte er den Brief aus dem Hühnerstall. Ganz unauffällig ging das nicht vonstatten, denn er musste eine legende Henne verscheuchen, die ein Spektakel veranstaltete, als ginge es ihr an den Kragen. Aber das aufgeregte Gackern würde wohl niemanden misstrauisch machen.
Michiel schob den Brief in die Hemdtasche unter seinem Pullover und schwang sich aufs Rad. Er hatte eine ziemliche Strecke vor sich; die van Gelders wohnten gut acht Kilometer entfernt.
Kaum war er ein Stück gefahren, kam es zum ersten Zwischenfall: Der Vollgummireifen sprang von der Felge. Als Michiel ihn wieder aufziehen wollte, stellte er fest, dass er gerissen war. Also zum Fahrradschlosser. Niemand da. Nächster Fahrradschlosser. Kein Reifen vorrätig. Reifen reparieren? Ja, aber nicht sofort. Eineinhalb Stunden warten. Tja ...

Wieder fuhr Michiel los. Er war noch auf der Straße, die aus dem Ort herausführte, als er ein Auto kommen sah. Wie jeder in de Vlank wusste er, dass äußerste Vorsicht geboten war, wenn sich motorisierte Fahrzeuge zeigten, zumal am helllichten Tag. Als hätte der Pilot das Auto gerochen, tauchte prompt ein Jagdflugzeug auf. Michiel reagierte blitzschnell: Er sprang vom Rad und hechtete in ein Mannloch.

Das Auto hielt und zwei deutsche Soldaten rannten in den Schutz der Bäume am Straßenrand. Gerade noch rechtzeitig. Das Flugzeug setzte zum Sinkflug an und feuerte eine Maschinengewehrsalve ab.

Michiel zog den Kopf zwischen die Schultern und machte sich möglichst klein. Sein Herzschlag setzte kurz aus, als die Kugeln in unmittelbarer Nähe aufs Pflaster schlugen. Dann war es auch schon wieder vorbei. Der Flieger drehte ab und verschwand.

Michiel hob den Kopf und sah, dass das Auto brannte. Die Soldaten kamen hinter einem Baum hervor und betrachteten die Bescherung. Dann zuckten sie mit den Schultern und machten sich zu Fuß in Richtung Dorf auf.

Als Michiel aus dem Loch geklettert war, bemerkte er, dass die Geschosse eine Kuh auf der angrenzenden Weide getroffen hatten. Das arme Tier konnte sich nicht mehr auf den Beinen halten und muhte kläglich.

Michiel tastete nach dem Brief. Ihm war, als sei er kiloschwer. Aber er brachte es nicht über sich, die Kuh einfach ihrem Schicksal zu überlassen. Weil er sich ziemlich sicher war, dass die Weide den Puttesteins gehörte, machte er sich auf den Weg zu deren Hof.

Dort traf er jedoch nur die alte Frau Puttestein an, die schlecht zu Fuß war. Nachdem Michiel mit ihr gesprochen hatte, stieg er wieder aufs Rad, um den Schlachter zu benachrichtigen. Denn dass die Kuh wieder auf die Beine käme, konnte man vergessen.

So vergingen die Stunden. Es war bereits drei Uhr, als Michiel sich zum dritten Mal zu Bertus van Gelder aufmachte. Auf halbem Weg überholte er einen Mann. Zu seinem Schrecken war es Schafter.

»Sieh an, der Michiel vom Bürgermeister.«

»Tag, Herr Schafter.«

»Du hast's ja mächtig eilig. Brennt es irgendwo?«

Dass man Schafter nicht trauen konnte, war allgemein bekannt. Er trieb sich oft bei der Kaserne herum, saß manchmal bei den deutschen Soldaten in der Kantine, erledigte kleinere Arbeiten für sie und stand im Verdacht, die jüdische Familie verraten zu haben, die letztes Jahr verhaftet und samt ihrem Gastgeber, Herrn van Hunen, nach Deutschland deportiert worden war.

Michiel antwortete deshalb hastig: »Ich muss nach Lagezande, zu Gemeinderat van Kleiweg.«

»Trifft sich gut. Zu dem will ich auch, also können wir zusammen fahren.«

Michiel fluchte innerlich. Das hatte er nun von seiner Freundlichkeit: Jetzt musste er die sechs Kilometer nach Lagezande fahren statt zu Bertus. Und was, um Himmels willen, sollte er bloß zu Herrn van Kleiweg sagen?

Während Schafter über dies und das redete, zermarterte Michiel sich vergeblich das Hirn nach einer geeigneten Ausrede zum Umkehren.

»Hast du schon gehört, dass gestern die Zuteilungsstelle in Lagezande überfallen worden ist?«, unterbrach Schafter seine Gedanken.

»Ja, irgendwer hat das heute Morgen erwähnt.« Michiel war auf der Hut.
»Aha, wer denn?«
»Weiß nicht mehr. Vermutlich jemand, den ich auf der Straße getroffen hab.«
»Ich schätze mal, du musst van Kleiweg was von deinem Vater ausrichten, stimmt's?«
»Quatsch! Ich soll ihm die Windel wechseln!«, platzte Michiel ärgerlich heraus.
»Na ja, hätte doch sein können.« Schafter schien sich überhaupt nicht an Michiels Frechheit zu stören.
Eine Viertelstunde später standen sie vor dem Haus des Gemeinderats, der selbst öffnete.
»Immer rein in die gute Stube«, sagte er.
»Ist nicht nötig«, antwortete Michiel. »Ich soll Ihnen bloß von meinem Vater bestellen, dass die Sitzung der Wasserkommission nächste Woche Dienstag stattfindet, zur gewohnten Zeit.«
»Ah, danke. Also Dienstag um vier. Sag deinem Vater, dass ich zur Stelle bin.«
Michiel nickte. »Dann auf Wiedersehen.«
»Ich brauch nur fünf Minuten«, sagte Schafter. »Wenn du kurz wartest, fahr ich mit dir zurück.«
Michiel hatte absolut keine Lust, sich weiter von Schafter aufhalten und womöglich auch noch aushorchen zu lassen. »Ich hab's eilig«, sagte er deshalb. »Tut mir leid. Ein andermal gern.«
Er legte sich kräftig in die Pedale. In seiner Hemdtasche knisterte der Brief, aber er traute sich nicht, auf direktem Weg zu Bertus zu fahren. Außerdem wollte er die blöde Sache mit der Sitzung lieber sofort klären, ehe er es noch vergessen würde. Und ganz aus den Fingern gesaugt war sie ja nicht, denn sein

Vater hatte am Vortag eine Sitzung in der kommenden Woche erwähnt. Einen Moment lang überlegte Michiel, ob er ihm alles anvertrauen sollte, entschied sich dann aber dagegen.
Er hatte Glück und traf seinen Vater zu Hause an.
»Ich muss nachher nach Lagezande«, sagte er wie beiläufig. »Du hast doch gestern was von einer Sitzung der Wasserkommission gesagt; soll ich vielleicht Herrn van Kleiweg etwas ausrichten?«
»Gut, dass du mich daran erinnerst. Sei so nett und sag ihm, die Sitzung findet kommenden Mittwoch statt, zur gewohnten Zeit.«
»Um vier?«
»Genau. Vielen Dank, Michiel.«
»Dann fahr ich mal los ...«
»Was hast du eigentlich in Lagezande zu tun?«
Michiel murmelte etwas vor sich hin, er wolle versuchen, ein Hühnchen für eine Frau aus Amsterdam aufzutreiben, die bei Dingsda zu Besuch sei. Dann verließ er schnell das Zimmer, damit sein Vater keine Fragen mehr stellen konnte und er sich nicht noch weitere Lügen ausdenken musste.
Dummerweise musste er jetzt wirklich noch einmal nach Lagezande. Er hatte gehofft, den richtigen Tag getroffen zu haben, weil die Sitzungen der Wasserkommission seiner Erinnerung nach dienstags stattfanden. Immerhin hatte er sich nur um einen Tag vertan.
Also aufs Rad.
Prompt begegnete er Schafter wieder, der ziemlich verdutzt dreinschaute.
Michiel hob nur die Hand und fuhr weiter. *Jetzt wird der Heuchler sich den Kopf darüber zerbrechen, warum ich noch mal die glei-*

che Strecke fahre, dachte er. Aber zum Glück war Schafter kein Hellseher. Blind war er allerdings auch nicht, deshalb schadete es nicht, vorsichtig zu sein.

In Lagezande angekommen, klingelte Michiel wieder bei Herrn van Kleiweg. Er habe sich im Datum geirrt, sagte er, die Sitzung finde erst am Mittwoch statt. Dann fuhr er rasch wieder los, um vor Einbruch der Dunkelheit zu Hause zu sein. Ein Umweg zu Bertus van Gelder war jetzt nicht mehr drin.

Sicherheitshalber versteckte Michiel den Brief wieder im Hühnerstall und hoffte inständig, dass nichts Brandeiliges darinstand. Das schlechte Gewissen plagte ihn, wenn er daran dachte, dass Dirk jetzt im Gefängnis saß und er selbst es nicht einmal geschafft hatte, einen so simplen Auftrag auszuführen. Außerdem war er hundemüde vom Radfahren.

Auch an diesem Abend stellten sich zahlreiche Fremde ein. Onkel Ben war wieder unterwegs, Erica nahm eine halbe Stunde lang die Kneifkatze in Beschlag, um sich zu frisieren, und Jochem zog alle zwei Minuten die Nase hoch ... ach, es war ein Tag zum Verzweifeln.

Am nächsten Tag schwang Michiel sich in aller Frühe aufs Rad und kam diesmal ohne Zwischenfälle zum Hof der van Gelders. Vor dem Haus war niemand zu sehen, außer dem Kettenhund, der einen Radau machte, als stünde sein Schwanz in Flammen.
Michiel ging ins Haus. Niemand da. Er schaute in die Tenne. Auch dort niemand. Wo steckten Bertus und seine Frau Janne? Alle Türen standen offen – also mussten sie zu Hause sein.
»Hallo! Jemand da?«, rief er laut. Bertus würde ihn wohl nicht hören, aber vielleicht Janne.
Er ging wieder hinaus. Moment, da klapperte doch etwas in der baufälligen Scheune. Tatsächlich: Janne kam heraus, sie schleppte zwei schwere Eimer mit Schweinefutter.
»Tag, Janne.«
»Na so was, der Michiel vom Bürgermeister! Bringste mir Nachricht von mein' Bertus?«
»Von Bertus?«
»Nu, ich dachte, der Bürgermeister weiß vielleicht, was die mit ihm gemacht ham.« Janne stellte ihre Eimer ab.
»Wie? Was gemacht?«
»Ja, weißte denn gar nich, dass sie den Bertus gestern abgeholt ham?«
»Wer? Die Moffen?«
»Jawollja, die Moffen. Wer sonst?«
»Was hat er denn getan?«
Die kleingewachsene Frau stampfte wütend mit dem Fuß auf.

»Nichts hatter getan! Die Schweine gefüttert hatter, so wie ich jetz, da sind die gekomm'. Ham im Haus alles durchgewühlt und bei mein' Bertus Leibesvisitation gemacht. Aber nichts gefunden, rein gar nichts!«

»Und trotzdem haben sie ihn mitgenommen?«

»Ham sie, die Saukerle! Ich hab unsern Kees vonner Kette gelassen, der ist gleich dem ein' anne Gurgel. Da ham die andern mit den Gewehren drauf eingedroschen, bisser losgelassen hat. Bin bloß froh, dass die das arme Vieh nich totgeschossen ham.«

Michiel war elend zumute.

»War das gestern, Janne?«

Sie nickte. »So um halb fünf rum.«

Michiel überlegte, ob Schafter hinter der Sache stecken könnte. Wann war er ihm zum zweiten Mal begegnet? Etwa um vier? Nein, da gab es keinen Zusammenhang, es musste ein Zufall sein.

»Sag mal, Janne, waren die Soldaten auch noch auf anderen Höfen?«, fragte er. »Oder hatten sie es nur auf euch abgesehen?«

»Glaub, nur auf uns. Weil die sind nämlich direktemang hierhergefahrn. Und weißte was, Michiel, wenn der Bertus was getan hätt – ich weiß ja von nichts – aber *wenn*, dann hat den wer verraten.«

»Wie kommst du darauf?«, fragte Michiel erschrocken.

»Gestern Ahmt, wie der Bertus fort war, da war ich so durchn Wind, dass ich mittem Rad zu meiner Schwester bin, die wo den Henne van Otter hat. Die wohnt nämlich dort, wo der Driekusmansweg zu uns abgeht.«

»Ja, die van Otters kenne ich.«

»Also, ich komm da hin, bin ganz durchn Wind, erzähl den', dass die Moffen mein' Bertus geholt ham, da meint meine

Schwester: ›Sach bloß, war das so um halb fünf rum? Da sind die nämlich mit zwei Autos hier lang und innen Driekusmansweg rein. Wenn ich gewusst hätt, dass die zu euch wolln!‹ – ›Was hättste dann getan?‹, sach ich. ›Tscha, weiß auch nich‹, sacht sie und ...«

»Du hast vorhin gesagt, jemand hätte Bertus verraten? Was hat das denn mit Verrat zu tun?«

»Ah so, ja: Was meine Schwester ist, die hat gesacht, die Soldaten hättn angehalten und mit ein' von hier geschnackt, und der hätt mittem Arm gedeutet. Und dann sind die direktemang zu uns.«

»Und wer war der Mann, mit dem sie geredet haben?«

»Tscha, wenn mir bloß einfalln␣tät, wie der heißt. So'n Blasser, der wo dauernd mittem Rad unterwegs ist.«

»Schafter?«

»Jawollja, Schafter! Von dem heißt's doch, er hält's mitt'n Deutschen.«

Michiel schwieg. Er fühlte sich schuldig, obwohl ihm nicht klar war, wie Schafter von seinem Vorhaben gewusst haben könnte. Selbst wenn er gemerkt haben sollte, dass sein Besuch bei Gemeinderat van Kleiweg eine Finte war, konnte er doch unmöglich gewusst haben, dass er in Wirklichkeit zu Bertus van Gelder wollte. Er musste hier weg und in Ruhe nachdenken.

»Ich muss weiter, Janne. Hoffentlich lassen sie Bertus bald wieder laufen.«

»Sachste dein' Vater Bescheid? Der kann vielleicht was tun.«

»Natürlich sag ich ihm alles. Ich weiß aber nicht, ob er was tun kann. Wiedersehen und alles Gute.«

Michiel fuhr eilig davon und war froh, dass Janne nicht gefragt hatte, weshalb er eigentlich gekommen war.

Ein Stück weiter stieg er vom Rad und setzte sich mit dem Rücken an einen Baum am Straßenrand, um das Ganze zu rekapitulieren. *Dirk erzählt mir von dem Überfall*, dachte er, *und gibt mir einen Brief für Bertus Schwerhörig. Ich verstecke den Brief, und das hat mit Sicherheit kein Mensch gesehen. Der Überfall misslingt. Ein Mann wird erschossen, ein anderer entkommt, Dirk wird gefasst. Ich will am nächsten Morgen den Brief zu Bertus bringen, aber weil immer wieder was dazwischenkommt, klappt es nicht. Am besten wäre ich zu Fuß gegangen, als das Rad kaputt war ... Und dann Schafter: Er merkt womöglich, dass ich gar nicht zu van Kleiweg wollte, und sieht mich etwa um vier zum zweiten Mal in Richtung Lagezande fahren. Um halb fünf zeigt er zwei Überfallwagen den Weg zu Bertus' Hof. Wo ist bloß der Zusammenhang ...?*

Plötzlich zuckte ihm ein entsetzlicher Gedanke durch den Kopf: *Dirk muss geredet haben – wahrscheinlich haben sie ihn so lange gefoltert, bis er Bertus' Namen genannt hat, und Schafter hat den Deutschen lediglich den Weg gezeigt, als sie fragten, wo Bertus wohne. Ja, so musste es gelaufen sein!*

Michiel brach der Schweiß aus, als er sich vorstellte, was sie Dirk alles angetan haben mussten, um ihn zum Reden zu bringen, zumal er keiner war, der gleich nach dem ersten Faustschlag alles gestand.

Und wenn Dirk Namen genannt hat, überlegte Michiel weiter, *dann hat er vielleicht auch den Brief erwähnt, und die Moffen haben danach gesucht, weil sie glaubten, am späten Nachmittag sei er bestimmt in Bertus' Hände gelangt; dass ich gestern so viel Pech hatte, konnten sie ja nicht ahnen.*

Ihm wurde regelrecht übel, als er den Schluss zog, dass sie jetzt wohl bei ihm zu Hause warteten, um ihn samt dem Brief abzufangen.

Das durfte nicht passieren!
Michiel holte den unbeschrifteten Umschlag hervor, fest entschlossen, ihn in tausend Fetzen zu reißen und zu vergraben. *Auf keinen Fall darf ich ihn vorher lesen*, dachte er, *dann kann ich auch nichts verraten, wenn sie mich zu Hause schnappen. Der Brief muss verschwinden, und zwar schnell!*
Mit einem heftigen Ruck riss er ihn mittendurch. Und die Hälften nochmals.
Aber was, wenn nun etwas Wichtiges darinstand? Zum Beispiel ein Auftrag, der sofort ausgeführt werden musste. Wichtig war die Botschaft bestimmt, keine Frage. Warum sonst hätte Dirk sich die Mühe gemacht, einen Brief zu schreiben? Und Bertus konnte jetzt nichts mehr tun, also musste *er* das übernehmen. Bei diesem Gedanken begannen Michiels Knie zu zittern.
Gut fünf Minuten saß er regungslos mit den vier Papierstücken in den Händen da. *Wenn ich den Brief nun lese*, dachte er, *bin ich unweigerlich in die Sache verstrickt, was auch immer es sein mag. Das heißt, im Grunde bin ich es schon jetzt. In dem Moment, als ich den Brief von Dirk angenommen habe, habe ich mich darauf eingelassen.*
Er holte die vier Briefteile aus dem zerrissenen Umschlag, strich sie glatt, legte sie aneinander und begann zu lesen:

Wenn Du das hier liest, bin ich den Deutschen in die Hände gefallen. Ich schreibe Dir, weil es jemanden gibt, der Hilfe braucht. Du weißt sicher noch, dass vor drei Wochen ein englisches Flugzeug in der Nähe von de Vlank abgeschossen wurde. Der Pilot konnte sich per Fallschirm retten. Die Deutschen haben vergeblich nach ihm gesucht. Dafür habe ich ihn gefunden und einen Arzt aufgetrieben (wer, tut nichts zur Sache), der seine Verletzungen an Bein und Schulter versorgt hat. Anschließend musste ich den Mann verstecken. Du weißt vielleicht noch, dass ich 41/42 Waldarbeiter war. Damals haben wir im Dagdaler Wald eine größere Tannenschonung angelegt, insgesamt vier Karrees zu je drei Hektar. Etwa in der Mitte des nordöstlichen Karrees habe ich eine Höhle gegraben, von der sonst niemand weiß. Der Zugang ist inzwischen ziemlich zugewachsen und nicht leicht zu finden. In dieser Höhle ist nun jedenfalls der Pilot. Ich bringe ihm alle zwei Tage zu essen. Gehen kann er mit seinem Gipsbein kaum, sodass er verhungert, wenn Du ihm nichts bringst. Aber sei vorsichtig, er hat nämlich eine Pistole und ist sehr misstrauisch. Die Verständigung mit ihm ist schwierig, weil er kein Niederländisch spricht – und Dein Englisch ist vermutlich nicht besser als meins. Aber Du wirst das schon hinkriegen. Pass gut auf Dich auf. WL

Was die Buchstaben »WL« am Schluss bedeuteten, konnte Michiel sich nicht erklären. Er las den Text drei Mal und riss dann alles in kleine Fetzen, die er in der Erde vergrub.
Der Druck im Magen ließ nach, und mit einem Mal war er vollkommen ruhig. Nun hatte er also einen englischen Piloten in seiner Hut. Er wusste, dass darauf die Todesstrafe stand. Fragte sich nur, was Dirk beim Verhör alles gesagt hatte. Möglichst wenig, so gut kannte Michiel seinen Nachbarn. Vielleicht hatte er nur Bertus erwähnt, aber nicht ihn. Wie auch immer, als Erstes musste er herausfinden, ob zu Hause jemand nach ihm gefragt hatte. Nein, vorher zu dem Piloten, schließlich hatte der Mann gestern nichts zu essen gehabt und vorgestern eventuell auch nicht. Den Gedanken, aus dem Vorratsschrank seiner Mutter

etwas zu holen, verwarf Michiel sofort wieder. Besser, er ging zu Bauer van de Werf, der ihn gut leiden mochte und außerdem ganz in der Nähe wohnte.

Frau van de Werf war dabei, den Anbau zu putzen, in dem sie den Sommer über gekocht hatte.
»Tach, Michiel«, sagte sie.
»Tag, Frau van de Werf. Schönes Wetter heute, was?«
»Kannste sagen. Bist groß geworden, Junge. Pass bloß gut auf, dass die Moffen dich nicht zu fassen kriegen. Wie alt biste denn jetzt?«
»Fast sechzehn.«
»Na denn Obacht! Meinen Neffen in Oosterwolde haben sie letzte Woche nach Deutschland geschickt, zum Arbeiten. Der ist zwar schon siebzehn, aber die fackeln nicht lange und nehmen, wen sie zu packen kriegen.«
»Ich pass schon auf mich auf.«
»Und warum biste hier? Brauchst was zu essen, hm?«
»Wenn es geht.«
»Was soll's denn sein?«
»Ein Stück Schinken, oder ist das zu viel verlangt?«
»Na, weil du's bist.«
Sie gingen zusammen ins Haus. Im Rauchfang hingen etliche Schinken, Speckschwarten und Würste. Frau van de Werf nahm einen Schinken vom Haken, schnitt ein Stück ab und wickelte es ein.
»Bittschön.«
»Besten Dank, Frau van de Werf.«
Michiel bezahlte und wandte sich zum Gehen.
»Magste ne Käseschnitte?«, klang es hinter ihm.

»Da sag ich nicht nein.«
Die Bauersfrau schnitt, den Laib an die Brust gedrückt, zwei dicke Scheiben Brot ab, bestrich sie mit Butter, legte Käse darauf und übergab Michiel die Delikatesse, für die so mancher Amsterdamer mit Freuden zehn Gulden hingeblättert hätte.
»Vielen Dank, ich esse das Brot unterwegs«, sagte Michiel. »Jetzt muss ich mich beeilen.«
»Ist gut, Junge. Adieu.«
Kaum war Michiel außer Sichtweite, faltete er das Schinkenpaket auf und packte das belegte Brot dazu. Dann schlug er den Weg zum Dagdaler Wald ein.

Das nordöstliche Karree würde er wohl finden. Sorgen machte er sich vor allem darüber, dass jemand ihn sehen könnte. Als er den Waldrand hinter sich gelassen hatte, versteckte er sein Rad im Gebüsch und ging zu Fuß weiter. Die Bäume standen reglos in der Herbstsonne, kein Blatt raschelte, keine Schläge von Holzfällern durchbrachen die Stille. Nur ein paar Vögel machten sich bemerkbar.
Michiel sah sich mehrfach um, als er sich der Schonung näherte. Das besagte Karree war schnell gefunden. Die jungen Tannen standen aber so dicht, dass er sich fragte, wie er in die Mitte gelangen sollte. Zum Boden hin hatten sie weniger Äste, also beschloss er, sein Glück auf allen vieren zu versuchen.
Die ersten paar Meter waren reichlich mühsam und trugen ihm Schrammen an den Händen und im Gesicht ein. Hin und wieder stand er auf, um sich umzusehen, ob auch niemand in der Nähe war, und um sich zu orientieren.
Seinem Empfinden nach musste er nun etwa die Mitte des Waldstücks erreicht haben. Aber wo sollte das Versteck sein?

Michiel kroch vorsichtig weiter. Aber so sehr er sich auch bemühte, leise zu sein, es knackten doch immer wieder Zweige.
»Don't move!«
Michiel fuhr zusammen. Ganz nah hatte die Stimme geklungen.
»Gut Freund«, flüsterte er. Warum, wusste er selbst nicht. Wahrscheinlich hatte er es in einem Indianerbuch gelesen ... ach nein, Janne sagte das immer zu ihrem Hofhund.
»Who are you?«
»Dirk's friend«, sagte Michiel.
»Where is Dirk?«
»In prison.«
»Come closer«, befahl der Engländer, und Michiel gehorchte, indem er sich in die Richtung bewegte, aus der die Stimme kam.
Dann sah er den schräg abwärts verlaufenden Eingang zu einer Erdhöhle, vor der ein bärtiger junger Mann um die zwanzig lehnte. Er trug eine Uniformhose, von der ein Bein abgeschnitten war, damit der Gips Platz hatte. Über seinen Schultern hing lose die Uniformjacke, der rechte Arm ruhte in einer Schlinge, und in der linken Hand hielt er eine Pistole. Mit dieser bedeutete er Michiel, in die Höhle zu gehen.
Nachdem seine Augen sich an die Dunkelheit gewöhnt hatten, konnte Michiel sehen, wie das Versteck angelegt war. Dirk hatte offenbar zuerst eine tiefe Grube ausgehoben und dann an deren Wänden Stützhölzer angebracht. Abgedeckt war der etwa vier Quadratmeter große und zwei Meter hohe Unterschlupf mit Brettern, vermutlich einem Stück Schuppenwand, und darauf wiederum lag eine Schicht Walderde mit kümmerlichen Tännchen, die nicht gut hatten wurzeln können.

Dirk hatte einwandfreie Arbeit geleistet, das musste Michiel zugeben, aber die Vorstellung, Tag und Nacht in diesem Loch zu hocken und dazu noch körperlich angeschlagen zu sein, verursachte ihm Beklemmungen.

Vor der hinteren Höhlenwand lag ein Haufen welkes Laub, daneben ein paar Decken. Michiel erspähte außerdem eine Feldflasche, einen Becher und einen verschlissenen Wollschal – das war auch schon alles. Liebe Güte, unter diesen erbärmlichen Umständen hauste der Mann schon seit Wochen ...

Michiel grub in seinem Gedächtnis nach den Vokabeln, die er in der Schule gelernt hatte, und als er dem Piloten klargemacht hatte, dass er langsam sprechen musste, konnten sie sich ganz gut verständigen.

Dem jungen Engländer, der sich als Jack vorstellte, tat es sichtlich gut, dass er endlich wieder einmal mit jemandem in seiner Muttersprache reden konnte. Mit Dirk, der nach der Volksschule kein Buch mehr zur Hand genommen hatte, war das kaum möglich gewesen.

Als Jack hörte, dass Dirk bei einem Überfall verhaftet worden war und womöglich geredet hatte, befiel ihn eine große Unruhe. Wegen Dirk, aber auch wegen seiner eigenen Sicherheit, falls Dirk etwas über das Versteck hatte verlauten lassen. Seine Nervosität hielt ihn aber nicht davon ab, sich heißhungrig über den Schinken und das Käsebrot herzumachen.

Als Michiel erfuhr, dass Jack keinen Tropfen Wasser mehr hatte, schlug er sich an die Stirn. Er hatte nicht eine Sekunde daran gedacht, auch etwas zu trinken mitzubringen.

Ob er am nächsten Tag wiederkommen könne, mit Essen und vor allem Wasser, fragte Jack.

»Okay«, sagte Michiel und dachte: *Falls ich morgen nicht bei Dirk in der Zelle sitze* ... Doch er schwieg, wenn auch nur, weil ihm die englischen Wörter nicht so schnell einfallen wollten.

Draußen zeigte Jack ihm den ›Durchgang‹, den Dirk immer benutzt hatte, sodass der Rückweg nicht ganz so mühsam war.

»Darum: Seid klug wie die Schlangen ...« An diesen Bibelvers aus dem Religionsunterricht dachte Michiel. Deshalb sah er sich mehrmals nach allen Seiten um, bevor er sein Rad aus dem Gebüsch zog. Deshalb achtete er darauf, dass niemand ihn aus dem Wald kommen sah. Deshalb fuhr er auch nicht direkt nach Hause, sondern besuchte erst noch das Ehepaar Knopper.

Er sagte, die Sache mit Dirk tue ihm furchtbar leid, und erkundigte sich wie beiläufig, ob es denn im Dorf weitere Hausdurchsuchungen gegeben habe.

»Nicht dass ich wüsste«, sagte Herr Knopper.

»Ich hab nämlich Angst, dass sie irgendwann meinen Vater holen«, erklärte Michiel.

»Kann ich mir gut vorstellen. Jetzt, wo unser Dirk ...« Und Herr Knopper sprach wieder von seinen eigenen Sorgen, was nur zu verständlich war.

Immerhin war Michiel nun ziemlich sicher, dass kein Deutscher bei ihm zu Hause aufgetaucht war, denn das hätten die Nachbarn garantiert mitbekommen. Trotzdem flatterten seine Nerven, als er das Rad in den Schuppen gestellt hatte und durch die Hintertür die Küche betrat. Seine Mutter sagte aber nur:

»Na, Michiel, was hast du denn heute so getrieben?«

»Nichts Besonderes, ich bin nur ein bisschen durch die Gegend gefahren.«

Zu seiner Erleichterung gab sie sich mit der nichtssagenden Antwort zufrieden.

Der Abend zog sich hin. Mehrmals war Michiel drauf und dran, seine Eltern ins Vertrauen zu ziehen, aber er gab dem Drang nicht nach. »Ein guter Widerstandskämpfer ist einsam«, hatte er seinen Vater einmal sagen hören, »er ist allein mit seiner Aufgabe und mit dem, was er weiß.« Michiel war der Ernst seiner Lage vollkommen klar, und er wusste, dass er von nun an wie ein Erwachsener handeln musste, schließlich ging es um Leben oder Tod. Er mochte es ohnehin nicht, wenn andere ihn wie ein Kind behandelten – und jetzt hatte er Gelegenheit, sich zu beweisen. Deshalb sagte er nichts. Obwohl er fürchtete, dass seine Mutter ihm die Sorgen ansah und jeden Augenblick fragen konnte: »Michiel, was beschäftigt dich denn so?« Obwohl er bei jedem Geräusch von draußen an einen Überfallwagen dachte. Obwohl er keine Ahnung hatte, wie er in der nächsten Zeit Essen für Jack organisieren sollte – er schwieg.

Es war alles andere als leicht, Jack alle zwei Tage mit dem Nötigsten zu versorgen. Michiel erfand unzählige Ausreden für seine heimlichen Fahrten zum Dagdaler Wald. Bei den Bauern Lebensmittel zu kaufen, war für ihn als Sohn des Bürgermeisters nicht allzu schwierig. Und er fand es auch nicht weiter schlimm, dass er dafür das gesparte Geld verwenden musste, das er im Laufe des Jahres mit Gelegenheitsarbeiten verdient hatte. Schließlich war es ja für einen guten Zweck, und außerdem munkelte man immer wieder, nach dem Krieg würde es eine Geldentwertung geben.

Das Hauptproblem bestand darin, dass seine Eltern nicht erfahren durften, dass er häufig Esswaren kaufte, ohne sie zu Hause abzuliefern. Vorsichtshalber erstand er manchmal etwas mehr und brachte einen Teil mit. Ansonsten suchte er meist die weiter entfernt gelegenen Höfe auf, deren Besitzer eher wenig Kontakt mit den Dorfbewohnern hatten. All das erforderte viel Zeit.

Vor allem aber war Michiel heilfroh, dass bisher keine deutschen Soldaten gekommen waren, um ihn abzuholen. Anscheinend hatte Dirk seinen Namen doch nicht erwähnt, und dafür war er ihm tief dankbar. Vielleicht, so überlegte er, hat er Bertus' Namen nur deshalb angegeben, weil der nichts zu verbergen hat und sie bei ihm nicht fündig werden konnten. Also würden sie Bertus über kurz oder lang wieder laufen lassen. *Und in dem Fall*, dachte Michiel nicht ohne Stolz, *verlässt sich Dirk darauf, dass ich Jack versorge* ... Halt – das stimmte so nicht! Dirk hatte ihm ja aufgetragen, Bertus den Brief zu übergeben. Hatte er dann womöglich sofort gestanden, in der Hoffnung, Bertus habe den Brief noch nicht erhalten? Den Gedanken, es wäre feige, wenn Dirk so schnell in die Knie gegangen war, verdrängte Michiel rasch wieder, zumal er sich nicht sicher war, wie er selbst reagieren würde, wenn man ihm die Zähne einschlug oder noch Schlimmeres antat.

Jack war kein einfacher ›Pflegling‹. Er langweilte sich in seinem Versteck und machte sich beständig Sorgen, weil seine Schulterverletzung nicht heilen wollte. Die Umstände waren aber auch nicht sehr förderlich. Eine kalte, feuchte Behausung und ein Laubhaufen als Bett – wie sollte man dabei gesund werden und auch noch gut gelaunt sein?
Michiel tat, was er konnte, um Jack ein wenig Abwechslung zu verschaffen. So stibitzte er zum Beispiel aus den Regalen seines Vaters mehrere englische Bücher, die in zweiter Reihe standen und deshalb nicht so schnell vermisst würden. Auf den Inhalt achtete er dabei nicht.
Jack war daher reichlich verdutzt, als er ein Buch von 1860 über Naturheilverfahren im 19. Jahrhundert in die Hände bekam, in dem anhand von Illustrationen unter anderem diverse Badekuren erläutert wurden und in dem sich sogar ein verschlossener Umschlag fand, der nur für über Achtzehnjährige bestimmt war und Bilder jener Körperteile enthielt, anhand derer man das Geschlecht von Neugeborenen feststellt – lustig, aber na ja, das Buch war eben von 1860. Dazu hatte Michiel ihm noch Bücher über dampfbetriebene Wasserwerke, Verbrennungsmotoren und zum Glück auch einen Kriminalroman von Agatha Christie gebracht.

Jack kam zu dem Schluss, dass Bürgermeister van Beusekom ein vielseitig interessierter Mann sein musste. Er las die Bücher mehrmals, bis er sie nahezu auswendig konnte, weil er einfach froh war, endlich wieder einmal etwas in seiner Muttersprache lesen zu können.
Ansonsten versuchte Michiel, Jack den Alltag ein wenig angenehmer zu machen. Ein richtiges Bett konnte er ihm zwar nicht bieten, aber er brachte ihm noch ein paar Decken, einen Klappstuhl und einen kleinen Tisch. Auch mehrere Bretter sowie Hammer und Nägel fanden den Weg zur Höhle, und als eines Tages die Axthiebe von Holzfällern durch den Wald hallten, nutzte Michiel die Gelegenheit und zimmerte eine behelfsmäßige Tür, die nachts die Kälte abhalten sollte.
Trotz aller Mühen wirkte der junge Pilot aber immer öfter niedergeschlagen. Die Schulterverletzung heilte schlecht und der Verband starrte vor Schmutz. Einmal war es Michiel gelungen, Mullbinden aufzutreiben. Damit hatte er Jacks Schulter frisch verbunden, was ihm mehr schlecht als recht gelungen war. Bei dem Anblick der entzündeten Wunde war er ziemlich erschrocken, und ihm wurde klar, dass sie einer fachkundigen Behandlung bedurfte. Doch wer kam infrage? Unter den praktischen Ärzten in de Vlank und Umgebung war nicht einer, dem er blind vertraut hätte. Die Gemeindeschwester vielleicht? Er kannte sie kaum.
Schwester! Dass er daran nicht eher gedacht hatte! Seine stets fröhliche und manchmal auch biestige Schwester Erica hatte im Frühjahr in Zwolle eine Ausbildung zur Krankenschwester begonnen. Damit war es jetzt zwar vorbei, aber immerhin kannte sie sich mit Krankenpflege besser aus als er.
Fragte sich nur, ob Erica vertrauenswürdig war.

Selbstverständlich war sie das, wie kam er nur auf diesen Gedanken? *Allmählich werde ich so misstrauisch,* dachte Michiel, *dass ich demnächst noch meine eigene Mutter für eine deutsche Spionin halte.*
Aber ob Erica mitmachte? Und wie würde Jack es aufnehmen? Schließlich müsste Michiel seiner Schwester das Versteck zeigen. Oder war es möglich, Jack kurzfristig woandershin zu bringen?
Michiel überlegte, wie der junge Engländer mit dem eingegipsten Bein und der lädierten Schulter überhaupt in den Wald gekommen war. Beim nächsten Besuch fragte er ihn danach.
»Don't ask.« Jack verzog schmerzlich das Gesicht und erzählte dann, wie Dirk ihn, auf der Seite liegend, an dem gesunden Bein durch das Tannendickicht geschleift hatte. Lieber würde er sich freiwillig bei der Gestapo melden, als solch eine Tortur noch einmal zu erleben. Letzteres meinte er natürlich nicht ernst, aber Michiel konnte sich lebhaft vorstellen, dass es alles andere als angenehm gewesen war.
»Bestimmt ist der Krieg bald vorbei«, tröstete er ihn. »Hier in den Niederlanden dauert er jetzt genau viereinhalb Jahre und einen Tag.«
»Und wie viel minutes?«, fragte Jack.
Inzwischen sprach er ein wenig Niederländisch, denn Michiel hatte ihm kürzlich ein Buch von Philip Oppenheimer gebracht, von dem sie zu Hause sowohl ein englisches Exemplar wie auch eine niederländische Übersetzung hatten. Und Jack, der ständig gegen die Langeweile ankämpfte, hatte sich mit Feuereifer darin vertieft, zumal er es aufgegeben hatte, in dem Werk über Naturheilverfahren eine brauchbare Kur für seine Schulter zu finden.

»Jemand muss sich deine Wunde ansehen«, sagte Michiel.
»Geht nicht.«
»Muss aber sein.«
Jack zuckte mit den Schultern, was ihm solche Schmerzen verursachte, dass ihm ein paar Flüche entschlüpften.
»Ich meine ja nur«, sagte Michiel entschuldigend.
Jack warf einen Blick auf den bereits wieder verschmutzten Verband. »Soll kommen Doktor von deutsche military hospital?«
»Nein, meine Schwester«, sagte Michiel.
»Your sister?« Jack war nicht sicher, ob er richtig verstanden hatte.
»Genau. Die ist nämlich Krankenschwester.« Er verschwieg dabei, dass sich Ericas bisherige Erfahrungen mehr oder weniger auf das Unterschieben von Bettschüsseln und die Ausgabe von Fieberthermometern beschränkten.
»Dein Schwester, du kannst sie vertrauen?«
Michiel schaute ihn gekränkt an.
»Bei uns kannst du sogar den Hausmäusen trauen«, sagte er.
»Ich will sagen«, verbesserte Jack, »kann sie nehmen ... well ... responsibility?«
Darüber musste Michiel kurz nachdenken. Tja, wie stand es um Ericas Verantwortungsbewusstsein? Sie steckte oft mit ihren Freundinnen zusammen, und dann kicherten und gackerten sie wie die Hühner, sodass Michiel genervt die Augen verdrehte. Ansonsten konnte sie Stunden vor dem Spiegel zubringen und neue Frisuren ausprobieren. Aber sie ging auch Mutter zur Hand, das musste er zugeben, und erst vor ein paar Tagen hatte sie erzählt, sie werde bei irgendeinem Hilfskomitee mitarbeiten. Aber Verantwortung tragen? Nein, dafür war Erica eher nicht geeignet. Michiel schüttelte langsam dem Kopf.

»Dann geht nicht«, entschied Jack.
»Und wenn ich ihr die Augen zubinde«, sagte Michiel, »nur für den Weg vom Waldrand bis hierher und zurück. Dann könnten wir's riskieren. Und wenn du keine Uniformjacke anhast, sondern gewöhnliche Kleider – die könnte ich dir bringen – und deinen Schnabel hältst, dann merkt sie nicht, dass du Engländer bist.«
»Mein *Schnabel*, was ist?«
»Deine Klappe.«
»Ah! Ich muss zuklappen mein Ohrs, wenn sie sprecht. Okay.« Michiel lachte.
»Dein sister, sie tut, was du sagst? Sisters in England nicht hören auf Bruder.«
»Ich glaube schon«, meinte Michiel leichthin.

Als Michiel Erica seinen Plan auseinandergesetzt hatte, war sie sofort einverstanden – vermutlich eher aus Neugier, aber immerhin.
»Die Augen zubinden, das klingt ja richtig nach Abenteuer«, sagte sie, »aber meinst du nicht, die Leute wundern sich, wenn ich so auf der Straße rumlaufe?«
»Das Tuch binde ich dir erst um, wenn wir im Wald sind.«
»Ach was, ist doch unnötig. Dann mach ich einfach die Augen zu, und du legst zärtlich den Arm um mich, guckst verliebt und ...«
»Als ob ich in meine eigene Schwester verliebt wäre!«, empörte Michiel sich.
»Ich schätze mal, du warst überhaupt noch nie verliebt«, stichelte Erica. »Aber das spielt keine Rolle. Wir tun doch nur so. Wer ist denn eigentlich der Patient?«

»Das kann ich dir nicht sagen. Je mehr du weißt, desto gefährlicher ist es. Und du musst auch versprechen, dass du kein Wort zu ihm sagst.«
Michiels Worte klangen so ernst und erwachsen, dass Erica nicht weiter nachbohrte.
»Versprochen«, sagte sie.
»Auch, dass du im Wald die Augen zumachst?«
»Ehre schwöre.«
Sie hob drei Finger, was Michiel jedoch wenig beeindruckte. Erica hatte schon oft etwas geschworen, und längst nicht immer war Verlass auf sie gewesen. Egal, er musste es darauf ankommen lassen.
»Kannst du Verbandszeug besorgen?«, fragte er.
Sie nickte.
»Wo?«
»Ich hab so meine Quellen.«
»Gut, du brauchst mir auch nicht alles zu sagen.«

Am nächsten Morgen brachte Michiel Jack eine uralte Jacke, auf der schon einmal eine Henne zwölf Küken ausgebrütet hatte, zum Versteck. Und am Nachmittag machte er sich zusammen mit Erica auf den Weg. Wie gewohnt fuhr er einen Umweg und achtete genau darauf, wen sie unterwegs sahen. Erst als er das Gefühl hatte, kein Mensch sei in der Nähe, bog er in Richtung Wald ab.
Erica hielt seine Vorsichtsmaßnahmen für übertrieben. Was konnte es denn schaden, wenn jemand sie und ihren Bruder in den Wald fahren sah? Aber Michiel war von jeher gewissenhafter als sie, also fügte sie sich drein, zumal er auch nicht auf ihre Proteste einging.

Am Wald angekommen, versteckten sie die Räder im Gebüsch und gingen zu Fuß weiter. Mit verlegenem Grinsen bot Michiel seiner Schwester den Arm.

Manchmal wirkt er wie vierzig, dann wieder wie zehn, dachte Erica, bevor sie die Augen zukniff.

Michiel vergewisserte sich immer wieder mit Seitenblicken, dass sie sich an die Abmachung hielt. Nach einer Weile flüsterte er: »Das letzte Stück müssen wir kriechen. Ich mach den Anfang, und wenn du mir versprichst, dass du nur nach vorn guckst, kannst du die Augen aufmachen.«

Auf allen vieren näherten sie sich dem Versteck. Michiel kündigte ihr Kommen an, indem er unbeholfen eine Amsel nachahmte, woraufhin das täuschend echte Zwitschern eines Finken ertönte.

Bei Ericas Anblick entfuhr Jack ein bewunderndes: »Boy!«

Michiel trat ihm warnend gegen das gesunde Bein.

Mit flinken Fingern machte Erica sich daran, den Verband zu lösen. Bei Michiels Verbandwechsel vor ungefähr einer Woche hatte Jack geschimpft und gestöhnt, jetzt aber machte er keinen Mucks. *Da sieht man, dass Erica ihr Fach versteht*, dachte Michiel mit brüderlichem Stolz. Er ahnte nicht, dass kein Mann je eine Miene verziehen würde, wenn ein bildhübsches Mädchen ihn verarztet. Und dass seine Schwester hübsch sein könnte, wäre Michiel ohnehin nicht in den Sinn gekommen.

Inzwischen hatte Erica Verschiedenes aus ihrem Rucksack geholt und begann, mit einem Wattebausch, den sie immer wieder mit einer durchsichtigen Flüssigkeit aus einem Fläschchen tränkte, die Wundränder zu säubern. Danach bestäubte sie das rohe Fleisch mit Desinfektionspuder und bedeckte das Ganze schließlich mit steriler Gaze.

Als die Schulter dann auch noch fachkundig verbunden war, wirkte Jack hochzufrieden. Er strahlte Erica an und sah aus, als hätte er zu gern ein kleines Gespräch mit seiner Samariterin begonnen.
»Wie lange ist das Bein schon eingegipst?«, wandte Erica sich an Michiel. »Acht Wochen. Der Gips soll noch drei Wochen dranbleiben.«
»Die übliche Zeit.« Erica nickte. »Dann warten wir also noch eine Weile mit dem Entfernen. Der Verband an der Schulter muss aber mindestens ein Mal die Woche erneuert werden. Ich komme dann wieder.«
Jack hatte offensichtlich genug verstanden und strahlte sie an.
»Abmarsch!«, befahl Michiel ärgerlich, denn für seinen Geschmack war bereits viel zu viel geredet worden, und dass Erica weitere Besuche ankündigte, passte ihm schon gar nicht. Das musste er ihr nachher unbedingt ausreden. Sie machten sich auf den Rückweg und kamen ohne Zwischenfälle zu Hause an.
»Dass du jede Woche hingehst, kommt nicht in Frage«, begann Michiel.
»Wie bitte?«, fragte Erica abwesend.
»Du gehst da nicht mehr hin, verstanden?«
»Warum denn nicht? Hab ich was falsch gemacht?«
»Nein, aber es ist schon gefährlich genug, dass ich regelmäßig gehe.«
»Meinetwegen, du bist der Chef.«
Michiel musterte sie forschend. Ihr Gesicht hatte einen ungewohnt ernsten Zug. Erica hatte das Gefühl, etwas Wichtiges getan zu haben. Und es beeindruckte sie tief, dass ihr ›Brüderchen‹, wie sie Michiel oft spöttisch nannte, den jungen Mann anscheinend schon längere Zeit versorgte. Deshalb drückte sie

nur kurz seine Hand und ging dann in ihr Zimmer. *Manchmal ist es doch eine gute Sache, eine Schwester zu haben*, dachte Michiel.

Dass Erica die Wunde an seiner Schulter verarztet hatte, schien Jack in jeder Hinsicht gut getan zu haben. Als Michiel am übernächsten Tag wiederkam, war er bester Laune und sagte, er fühle sich pudelwohl. Nur eines belaste ihn: der Gedanke an seine Mutter in Nottingham. Sie habe nur ihn, erzählte er. Vor ihm seien zwei Schwestern bei der Geburt gestorben, er selbst sei gerade eben durchgekommen, und seine Mutter habe ihn wie ein Treibhauspflänzchen gehegt und gepflegt und vor jedem Windhauch zu beschützen versucht. Nicht zuletzt deshalb habe er sich freiwillig zur Luftwaffe gemeldet – er habe einfach genug davon gehabt, von ihr verhätschelt zu werden. Und außerdem gebe es noch einen zweiten Grund.
»Welchen denn«, fragte Michiel
Jack verfiel in seine Muttersprache, um nicht ständig nach Worten suchen zu müssen: »Mein Vater ist 1940, am Anfang des Kriegs, bei Dünkirchen umgekommen. Er sollte per Schiff Soldaten zurückholen, als die Deutschen die britische Armee in Nordfrankreich eingekesselt hatten. Eine Bombe. Volltreffer. Das Schiff war sofort von der Bildfläche verschwunden. Ich habe natürlich um meinen Vater getrauert, aber für meine Mutter ist damals die Welt eingestürzt.«
»Und jetzt macht sie sich Sorgen um dich.«
»Mehr als das. Ich fürchte, die Ärmste schläft keine Nacht mehr, ist vor Kummer bis auf die Knochen abgemagert und hat graue Haare bekommen. In England gelte ich ja nun als vermisst. Meistens heißt das, man ist hops, aber manchmal kommt doch

eine Nachricht von einem Vermissten, zum Beispiel aus einem Kriegsgefangenenlager.«
»Du meinst, deine Mutter geht jeden Morgen zum Postamt und fragt nach?«
»Solche Nachrichten bekommt man normalerweise übers Rote Kreuz, also wird sie wohl dort auf der Matte stehen. Es macht mir schwer zu schaffen, dass sie meinetwegen so leiden muss. Weißt du vielleicht, wie ich ihr einen Brief zukommen lassen könnte?«
Michiel seufzte tief. Manchmal war es wirklich schwer, den jungen Piloten am Hals zu haben.
»Darüber muss ich erst nachdenken«, sagte er ausweichend.
»Wie findest du übrigens meine Schwester?«
Jack schnalzte mit der Zunge. »Top«, sagte er. »Meiner Schulter geht's schon viel besser. Nur schade, dass ich nicht mit ihr reden durfte.«
»So ist das nun mal im besetzten Gebiet«, meinte Michiel lakonisch. »Haben der Diener seiner Majestät sonst noch Wünsche?«
»Nein, ich bin hier wie im besten Hotel untergebracht. Nur meine Mutter, wenn du da ...«
»Ich muss erst darüber nachdenken. Hab ich doch gesagt.«
Nach diesen Worten trat Michiel den Rückweg durch die Tannen an.

Verflixt nochmal, wie bekam man einen Brief nach England? Seit der Besatzung war kein normaler Postverkehr mit Deutschlands Kriegsgegnern mehr möglich. Michiel würde sich an jemanden vom Widerstand wenden müssen. Dries Grotendorst fiel ihm ein, von dem es hieß, er sei dabei, aber weil es nur ein

Gerücht war, verwarf er diese Möglichkeit wieder. »Ein guter Widerstandskämpfer ist einsam; er ist allein mit seiner Aufgabe und mit dem, was er weiß«, sagte er sich immer wieder vor. Aber der Gedanke an Jacks Mutter, die tagtäglich beim Roten Kreuz vorsprach, ließ ihm keine Ruhe.

Er grübelte und kam dabei immer wieder auf den zurück, der ihm als Erster eingefallen war, als Jack gesagt hatte, er wolle nach England schreiben: Onkel Ben. Der würde die Sache bestimmt regeln können. Trotzdem zögerte Michiel, denn so ganz wohl war ihm immer noch nicht bei dem Gedanken, dass er eine dritte Person ins Vertrauen ziehen musste.

Da Jack das Thema immer wieder ansprach, gab Michiel schließlich nach und sagte: »Dann schreib den Brief. Es darf aber nichts darüber drinstehen, wo du dich aufhältst.«

»Okay.« Jack machte sich gleich ans Werk. Er schrieb, er sei am Leben, wenn auch leicht verletzt, aber wenigstens nicht in die Hände der Deutschen gefallen. Seine Mutter brauche sich seinetwegen keine Sorgen zu machen, denn er werde bestens verpflegt, und zwar von einem netten Jungen (»a fine young man«), der erst sechzehn sei.

Den letzten Satz fand Michiel zwar schmeichelhaft, aber völlig unnötig und zudem verräterisch, deshalb bestand er darauf, dass Jack, ganz gleich, ob er deswegen im Viereck sprang (mit seinem Gipsbein war Springen ohnehin nicht drin), den Brief noch einmal neu schrieb.

Als sich Onkel Ben zwei Tage darauf wieder blicken ließ, fragte Michiel, ob er Lust habe, ein Stück mit ihm zu gehen.

»Du hast neulich erzählt, dass ihr englischen Soldaten helft, wieder in ihr Heimatland zu kommen«, begann er. »Könntest du wohl auch einen Brief nach England schleusen?«

Onkel Ben sah ihn forschend an: »Was für einen Brief?«
»Einen ganz normalen, aus Papier.«
Onkel Ben grinste, aber dann wurde seine Miene ernst. Er blieb stehen und fasste Michiel am Arm. »Soll das etwa heißen, dass du im Widerstand aktiv bist?«
»Nein, ich nicht. Aber ein Bekannter vom Bruder eines Bekannten von mir will den Brief verschicken. Kannst du das arrangieren oder nicht?«
»Wer ist denn der Bekannte mit dem Bruder?«
»Ach, vergiss es«, sagte Michiel, der sich unter keinen Umständen aushorchen lassen wollte. »Wir sollten umkehren. Es ist kalt geworden.«
»Alle Achtung«, murmelte Onkel Ben anerkennend, »mir scheint, du bist aus dem richtigen Holz geschnitzt. Wo ist der Brief?«
Michiel zog ihn aus der Hosentasche: »Hier bitte.«
»Danke.«
Weiter wurde kein Wort über die Sache gesprochen.

»Dein Brief ist unterwegs«, sagte Michiel beim nächsten Besuch im Versteck und musterte Jack dann misstrauisch: »Dein Verband ist neu!«
Jack nickte lächelnd.
»Erica?«
»Yes.«
»Dieses Miststück! Wie hat sie dich gefunden?«
»Don't know«, sagte Jack. »Vielleicht last time sie nicht hat ihre Auges zu? Sie will Verband neu machen und denkt, du nicht findest okay.«
»Dann habt ihr wohl auch miteinander geredet, was?«

Jack nickte schuldbewusst.
»Sie weiß also, dass du Pilot bist?«
»Erica hat geraten, sie ist kluges Mädchen, you know. Meine Dutch ist sehr gut, aber möglich sie hat ...«
»Mann, hör bloß auf! Jedes zweite Wort von dir klingt so Englisch wie Queen Victoria. Wie soll ich denn für deine Sicherheit sorgen, wenn das so läuft? Am besten stellst du dich schon mal darauf ein, dass sie dich demnächst holen. Und Erica und mich und meinen Vater wahrscheinlich auch, dann werden wir an die Wand gestellt: paff-paff-paff! Drei Treffer!«
»Erica sagt kein Wort.«
»Nein, das nicht. Aber sie ist leichtsinnig. Passt nicht auf, ob jemand sie sieht, macht Lärm, hinterlässt Spuren. Wenn einer wie Schafter sie in den Wald gehen sieht, riecht der doch sofort Lunte.«
»Schafter? Wer ist?«
»Einer, der mit den Deutschen zusammenarbeitet. Einer von vielen. Ich werde Erica jedenfalls ins Gebet nehmen. Vielleicht haben wir ja Glück, und keiner hat sie gesehen.«
»Du sagst, meine Brief ist okay?«
»Ja, der ist jetzt auf dem Weg nach England. Ich geh dann mal wieder, bis bald.«
»Bye.«

Michiel nahm seine Schwester ins Gebet, das heißt, er redete ihr ordentlich ins Gewissen, allerdings im Flüsterton, weil seine Mutter sich im Nebenzimmer aufhielt. (Das muss man allerdings erstmal schaffen: jemanden flüsternd auszuschimpfen. Das ist genauso, als hätte man gerade wütend die Tür hinter sich zugeknallt und müsste dann noch einmal ins Zimmer zurück, weil man seine Handschuhe hat liegen lassen – da wirkt die Wut vielleicht nicht mehr ganz so überzeugend.) Deshalb hielt sich die Wirkung seiner Strafpredigt in Grenzen. Erica guckte dennoch schuldbewusst auf die Knöpfe ihrer Strickjacke und schwor – fast ein wenig zu bereitwillig –, sie würde nie wieder hinter seinem Rücken handeln. Als Michiel gerade zu neuen Ermahnungen ansetzen wollte, nahm sie ihm den Wind aus den Segeln, indem sie sagte, Jacks Wunde sehe übrigens schon sehr viel besser aus und das sei doch erfreulich. (Tja, geflüstert oder geschrien, nach einer solchen Nachricht schweigt man vielleicht am besten.) Also legte Michiel ihr nur noch einmal ans Herz, keinem Menschen etwas von Jack zu sagen, nicht einmal ihrem Vater.

Nach etwa einer Woche ohne besondere Vorkommnisse tauchte Onkel Ben wieder auf. Als er mit Michiel zu einem Spaziergang unterwegs war, fragte er: »Siehst du noch gelegentlich den Bekannten des Bruders deines Bekannten?«
Michiel stellte unwillkürlich die Stacheln auf.
»Nein«, sagte er brüsk.
»Schade. Ich hab nämlich einen Brief für ihn, aber der kann dann wohl nicht zugestellt werden. Hmmm, was mach ich denn nun? Weißt du was, ich stecke ihn hier unter die lockere Rinde, dann bin ich ihn los.« Er ging auf einen Baum zu, schob einen weißen Umschlag unter die Rinde, drehte sich dann um und trat wortlos den Rückweg an.
Völlig perplex griff Michiel nach dem Brief. Er trug keine Aufschrift. Was mochte das bedeuten? Ob er wirklich für Jack war? Möglich, dass Onkel Ben einen Absender auf Jacks Brief geschrieben und auf diese Weise Antwort bekommen hatte.

Noch vorsichtiger als sonst schlug Michiel den Weg zum Dagdaler Wald ein. *Gesetzt den Fall, in dem Umschlag steckt nur ein unbeschriebenes Blatt und das Ganze dient dazu, mich auszuspionieren,* dachte er, *dann wird Onkel Ben mich jetzt beschatten.* Schon im nächsten Moment schämte er sich dieses Gedankens, denn auf Onkel Ben war bisher immer Verlass gewesen; er war wirklich ein Pfundskerl.

Das bestätigte sich, als Jack den Umschlag öffnete und von einem Ohr zum anderen strahlte. Er hielt einen Brief von seiner überglücklichen Mutter in den Händen, die ihn bereits tot gewähnt hatte, außerdem ein Foto von ihr, wie sie vor dem Haus am Gartenzaun stand.

Michiel zog insgeheim tief den Hut vor Onkel Ben, weil er das in so kurzer Zeit bewerkstelligt hatte.

Am Morgen des 22. November war es totenstill im Dorf. Kein Flugzeug wagte sich durch die niedrig hängenden Wolken, Autos sah man ohnehin nur selten. Die ganze Nacht durch hatte es leicht geregnet, und aus den Bäumen tropfte es noch jetzt. Alles war grau in grau, kein Lüftchen regte sich. Eine verfrorene Katze huschte über das nass glänzende Pflaster und verschwand in einer Scheune.
In de Vlank ging die Angst um. Kein Mensch war auf der Straße zu sehen. Nur eine Frau in Holzpantinen eilte in den Garten und holte ein paar vergessene, pitschnasse Wäschestücke von der Leine. Furchtsam blickte sie sich um und verschwand dann schnell wieder im Haus.
Ein Gerücht war durchs Dorf gegangen, am Abend zuvor habe eine Patrouille im Wald die halb verweste Leiche eines deutschen Soldaten gefunden. Er müsste schon gut zehn Wochen tot sein, hieß es, und dass es sich nicht um einen Deserteur handele, wie zunächst angenommen; der Mann sei vielmehr gewaltsam ums Leben gekommen.
Was stand den Dorfbewohnern bevor? Schon des Öfteren hatte man von brutalen Racheakten gehört, wenn Anschläge auf deutsche Soldaten verübt worden waren. Was mochte an solchen Geschichten dran sein?
Weil den Leuten bewusst war, dass sie keine Möglichkeit hatten, sich notfalls zu wehren, hatten sie sich in ihren Häusern verschanzt. Keiner wollte auffallen, alle warteten in angstvoller Spannung, ob sich etwas tat.

Um zehn Uhr raste ein Überfallwagen, durch die dichte Wolkendecke vor den englischen Spitfires geschützt, durch de Vlank. Mit quietschenden Reifen kam er vor dem Rathaus zum Stehen. Acht Soldaten stiegen aus und gingen hinein.

Kurz darauf kamen sie wieder heraus: Zwischen ihnen gingen mit erhobenem Haupt der Bürgermeister und der Gemeindesekretär. Sekunden später schlossen sich die Türen des Überfallwagens hinter ihnen, und er fuhr weiter. Zum Tierarzt. Zum Notar. Zum Großbauern Schiltman. Zum Schulrektor. Zum Pfarrer ...

Insgesamt zehn Männer wurden abgeholt – ihre zaghaft protestierenden Ehefrauen wurden von den Soldaten grob zur Seite gestoßen. Sie durften nichts mitnehmen und hatten keine Ahnung, was sie erwartete.

Das Ganze dauerte kaum eine Stunde, und als der Überfallwagen in Richtung der Kaserne am Bahndamm verschwunden war, herrschte im Ort Verwirrung und größte Unruhe. Die Leute weinten, trösteten einander, spekulierten und schimpften, und alle fühlten sich hilflos, weil sie absolut nichts tun konnten.

Die Deutschen hatten die zehn Männer als Geiseln genommen. Der Kasernenkommandant ließ verbreiten, sie würden am nächsten Morgen in der Kastanienallee erhängt, falls der Attentäter sich bis dahin nicht gestellt habe.

Frau van Beusekom war leichenblass, ihre Jochbeine zeichneten sich noch stärker ab als sonst, und ihr rechter Mundwinkel zuckte nervös. Aber sie weinte nicht, sondern brachte Erica, die sich vor lauter Angst übergeben musste, einen nassen Waschlappen und ein Handtuch. Jochem, der mit seinen sechs Jahren das Geschehen kaum erfassen konnte, legte sie einen Bogen

Packpapier und Buntstifte hin, damit er zeichnen konnte. Dann trat sie zu Michiel, der im Sessel saß und wie betäubt vor sich hinstarrte.

»Ich gehe hin«, sagte sie.

»Wohin? In die Kaserne?«

»Ja, zum Kommandanten. Ich bin ihm zwei Mal begegnet und hatte den Eindruck, dass er kein schlechter Mensch ist. Ich will ihn bitten, diese sinnlosen Morde nicht zu begehen.«

»Soll *ich* hin?«, fragte Michiel.

»Nein, das muss ich selber tun.«

Sie hatte recht, das sah Michiel ein. Die Frau des Bürgermeisters würde mit Sicherheit mehr Eindruck machen als ein sechzehnjähriger Junge.

Frau van Beusekom zog ihr dunkelblaues Kostüm an, trug etwas Rouge auf die blassen Wangen auf und machte sich auf den Weg zur Kaserne. Michiel blickte ihr voller Bewunderung nach und begann dann fieberhaft zu überlegen, wer den Soldaten um die Ecke gebracht haben könnte. Es konnte jemand aus de Vlank gewesen sein, aber auch die Bewohner der Nachbarorte kamen in Frage oder ein Wilddieb, der sich ertappt fühlte und in Panik geraten war. Oder hatte womöglich jemand vom Widerstand ... nein, das war undenkbar, diese Leute wussten besser als jeder andere, dass so ein Mord grausame Vergeltungsmaßnahmen der Wehrmacht zur Folge hatte. Aber vielleicht hatten sie ja irgendwelche Informationen. Nur wusste Michiel nicht genau, wer dazugehörte, außer Dirk und Bertus, die ja jetzt hinter Gittern saßen.

Er ließ mögliche Kandidaten vor seinem inneren Auge Revue passieren. Bei Dries Grotendorst zweifelte er, weil der ihm reichlich unbesonnen vorkam. Herr Postma aber, der war bestimmt dabei. Michiel dachte daran, wie leidenschaftlich der Lehrer im vierten Grundschuljahr über den Achtzigjährigen Krieg und das Freiheitsstreben der Niederländer gesprochen hatte. Sein Vater hatte damals spöttisch gemeint, das Freiheitsstreben hätten die Niederländer nicht für sich gepachtet, trotzdem: Herr Postma war ganz sicher beim Widerstand.

Michiel schlüpfte in seinen zerschlissenen Anorak und ging los. Unterwegs fiel ihm ein, dass der Lehrer noch in der Schule sein musste. Dann also warten bis zwölf.

Michiel traf Herrn Postma an dessen Gartentür.

»Tag, Herr Postma«, sagte er leise.

»Tag, Michiel.« Auch sein Gruß klang nicht gerade munter, denn genau wie Michiel dachte er mit Sorge an die zehn Geiseln.

»Wissen Sie zufällig, wer den deutschen Soldaten umgebracht hat?«, fiel Michiel mit der Tür ins Haus.

Postma schüttelte den Kopf.

»Und Sie wissen auch nicht zufällig, wer hier in de Vlank den Widerstand anführt?«

Wieder schüttelte Postma den Kopf, allerdings etwas langsamer als vorher.

Michiel sah ihn unverwandt an.

»Falls Sie ihn zufällig treffen sollten, würden Sie ihm dann etwas von mir bestellen?«

Postma schwieg.

»Sagen Sie ihm bitte, dass der Täter sich unbedingt melden soll.«

Ein fast unmerkliches Nicken. »Ich wünsche dir und deiner Mutter alles Gute, Michiel«, sagte Postma und fügte dann mit

einem verschwörerisch anmutenden Lächeln hinzu: »Jetzt muss ich aber weiter. Wiedersehen.«
»Wiedersehen, Herr Postma.«
Ein Flämmchen Hoffnung glomm in Michiel, als er nach Hause ging. Dort traf er seine Mutter in der Küche an und erfuhr, dass der Kommandant sie nicht einmal angehört hatte.
Die Stunden zogen sich hin und es regnete wieder. Michiel hatte den Eindruck, dass weniger Leute als sonst durch das Dorf zogen. Ob sich herumgesprochen hatte, was in de Vlank passiert war, und man lieber einen großen Bogen um den Ort machte? Oder lag es am Wetter?
Vom Wohnzimmerfenster aus sah Michiel einen alten Mann mit einer Karre, in die gerade mal eineinhalbjährige Zwillinge gepasst hätten. Nun aber waren keine Kinder darin, sondern ein Sack Kartoffeln. Direkt vor dem Haus des Bürgermeisters brach eines der Holzräder. Der Mann zog und zerrte an der Deichsel und wirkte sichtlich verzweifelt. Schließlich setzte er sich resigniert auf eine kleine Mauer.
Michiel hatte zwar ganz andere Sorgen, war aber so daran gewöhnt, Vorbeiziehenden zu helfen, dass seine Beine sich automatisch in Bewegung setzten.
»Rad gebrochen?«, fragte er.
Der Alte nickte.
»Soll ich's zum Reparieren bringen?«
Der Mann blickte so überrascht auf, als hätte er diese Möglichkeit überhaupt nicht in Erwägung gezogen.
»Geht das denn?«, fragte er hoffnungsvoll.
»Vielleicht«, sagte Michiel. »Warten Sie einen Moment.«
Er ging zum Schuppen, um Werkzeug zu holen, und löste dann geschickt das kaputte Rad von der Achse.

»Wenn Sie hier warten, laufe ich rasch zum Stellmacher. In Ordnung?«
Wieder nickte der Mann. Er wirkte nicht gerade, als hätte er das Pulver erfunden.
Michiel schwang sich aufs Fahrrad.
Der Stellmacher sah ihn mitleidig an, als käme er aus einem Trauerhaus. Er ließ sofort alles stehen und liegen, um das Rad zu reparieren, und behandelte Michiel so zuvorkommend, dass es ihm regelrecht unangenehm war.
Eine halbe Stunde später war das Rad wieder ganz, und Michiel fuhr zurück. Als er an den hohen Kastanienbäumen vorbeikam, die reglos im Nieselregen standen, hielt er an und hob den Blick. Die Bäume hatten genug dicke Äste, um zehn Leute daran aufzuknüpfen. Aber so weit durfte es nicht kommen! Es war schlicht unvorstellbar, dass man seinem gut aussehenden und stets freundlichen Vater eine Schlinge um den Hals legte und … Nein, er durfte gar nicht daran denken! Zugleich aber wusste Michiel, dass es nicht das erste Mal wäre und dass die Deutschen nicht davor zurückschrecken würden. Er hatte gehört, dass sie in einem französischen Dorf sämtliche männlichen Einwohner an Laternenpfählen erhängt hatten, und noch ganz frisch in seinem Gedächtnis war die Geschichte, die ein Übernachtungsgast kürzlich erzählt hatte: SS-Leute hatten bei einer Familie in Gouda oder Woerden, irgendwo in der Gegend jedenfalls, das Haus durchsucht und, weil sie Waffen fanden, die Eltern und ihre sechs Kinder in den Garten getrieben. Dort hätten sie dann vor den Augen der Mutter und der jüngeren Kinder den Vater und die zwei ältesten Söhne erschossen.

Solche Dinge passierten, und zwar immer öfter, je mehr sich abzeichnete, dass die Deutschen den Krieg verlieren würden. Michiel musste ein paar Mal heftig schlucken. Dann riss er sich vom Anblick der Bäume los und fuhr weiter.
Der alte Mann saß noch immer auf der Mauer. Ungläubiges Staunen überzog sein Gesicht, als er das reparierte Rad sah.
»Meine Güte, wie ist das bloß zugegangen?«, stammelte er.
»Mit ein paar Krampen und einem neuen Eisenband.«
»Unglaublich. Was schulde ich dir?«
»Drei Gulden.«
»Bitte sehr. Und fünfzig Cent sind für dich.«
Das schnelle Verdienst brachte Michiel wieder zum Lächeln. Fünfzig Cent! Wenn er für einen kleinen Gefallen so viel bekam, was war dann erst seine Hilfe für Jack wert? Er verscheuchte den Gedanken rasch wieder, bedankte sich und steckte die Münzen ein. »Jetzt können Sie weiter«, sagte er.
Der alte Mann legte ihm die Hand auf die Schulter.
»Die Kartoffeln sind für meine Tochter und ihre beiden Jungs«, sagte er leise. »Hoffentlich sind sie noch am Leben, wenn ich wiederkomme.«
»Wo wohnen sie denn?«
»In Haarlem.«
Zu Fuß nach Haarlem, hundertdreißig Kilometer mit einer Karre voller Kartoffeln ...
»Darf ich fragen, wie alt sind Sie?«
»Achtundsiebzig. Gott wird's dir lohnen, mein Junge.« Er griff nach der Deichsel und schlurfte davon. Unter seinem klatschnassen Hut war ein grauer Haarkranz sichtbar. Michiel sah ihm nach, bis er verschwunden war. *Der Krieg ist so grausam*, dachte er.

Den zehn Männern in Geiselhaft stand eine schwere Nacht bevor, ebenso ihren Frauen und Kindern. Die van Beusekoms hatten nur vier Übernachtungsgäste: zwei ledige Frauen um die dreißig, angebliche Großcousinen, einen ehemaligen Bürgermeister, der Michiels Vater noch von der Ausbildung her kannte, und eine echte Tante.
Die Gäste spürten die angespannte Atmosphäre im Haus und verhielten sich möglichst still. Michiel füllte die Karbidlampe, zündete sie an und ging dann Milch holen.
Als er zurück war, fiel ihm mit Schrecken ein, dass er Jack völlig vergessen hatte. Und am Tag davor war er auch nicht bei ihm gewesen. Jetzt aber war es zu spät, um noch hinzugehen. Er könnte niemals vor acht wieder da sein, und seine Mutter noch mehr zu ängstigen, war das Letzte, was er jetzt wollte. So ein Mist aber auch!
Weil das Gewissen ihn drückte, flüsterte er Erica zu: »Ich hab ganz vergessen, zu Jack zu gehen.«
»Macht nichts«, gab sie leise zurück.
»Wie bitte?«
»Ich war dort und hab ihm Essen gebracht.«
Donnerwetter, diese Erica! Sie tat aber auch, was sie wollte!
»Hast du ihm das mit Vater gesagt?«
»Nein. Er hat genug eigene Sorgen. Und die Wunde macht ihm auch wieder mehr zu schaffen. Das kommt durch die Kälte und Feuchtigkeit in der Höhle.«
Michiel hielt Ericas Besuche bei Jack für äußerst riskant: Ein Mädchen, das regelmäßig allein in den Wald ging, musste früher oder später auffallen. Aber was sollte er dagegen tun? Schließlich war es seine eigene Schuld, da er sie eingeweiht hatte. Lange verweilten seine Gedanken aber nicht bei dem

›Problem Jack‹, denn *das andere* drängte sich wieder in den Vordergrund. Er sah auf die Uhr: zehn vor neun.
Seiner Mutter war die Unruhe deutlich anzumerken. Immer wieder stand sie auf, um irgendeinen sinnlosen Handgriff zu verrichten, wie etwa eine Vase von hier nach dort zu stellen.
Um viertel nach neun zogen sich die Gäste zum Schlafen zurück. Erica, die sich tapfer beherrscht hatte, begann leise vor sich hinzuweinen, den Kopf an Mutters Schulter gelegt. Die strich ihr übers Haar, fand aber keine Worte des Trostes. Und Michiel brach in seiner Nervosität die schmalen Verzweiflungsscheite eines nach dem anderen in kleine Stücke.
»Wie spät ist es?«
»Viertel vor zehn.«
Dann herrschte wieder Schweigen.
Schließlich stand Erica auf und ging in die Küche, um noch einmal eine Kanne Ersatzkaffee aufzubrühen.
»Ich wollte, ich wäre Jochem«, murmelte Michiel. Sein kleiner Bruder schlief seit drei Stunden friedlich.
»Was unser Vater jetzt durchmachen muss«, sagte Frau van Beusekom mit erstickter Stimme. »Er und die neun anderen.«
»Meinst du, er betet?«, fragte Erica.
»Bestimmt. Unter solchen Umständen würde sogar der verstockteste Atheist beten. Ich jedenfalls tu es die ganze Zeit schon.«
»Ich auch«, sagte Erica.
Michiel schwieg. Beten war ihm bisher noch nicht in den Sinn gekommen. Ihm waren viel eher die wildesten Möglichkeiten – oder besser Unmöglichkeiten – durch den Kopf gegangen, wie er seinen Vater befreien könnte. Er hatte sich ausgemalt, wie er, mit einer deutschen Uniform verkleidet, die Kaserne betrat,

schnurstracks zum Kommandanten ging und ihn mit einer Pistole an der Schläfe zwang, telefonisch die sofortige Freilassung der Geiseln anzuordnen. Fragte sich nur, wie man – *Hokuspokus!* – Uniform und Pistole herbeizaubern sollte. Aber selbst wenn er beides hätte, die Lage war schlicht so, dass er nichts ausrichten konnte.

Onkel Ben fiel ihm ein, der wüsste vielleicht eine Lösung. Aber Onkel Ben war irgendwo unterwegs, und Michiel hatte keine Ahnung, wo er nach ihm hätte suchen sollen. Also doch beten? Nein, lieber etwas tun. Oder hieß beten, dass man etwas tat? Er schaute zum Kamin hinüber, wo seine Mutter und Erica mit gefalteten Händen auf Stühlen saßen. Würde Gott ihre Bitten erhören?

Michiel versuchte, seine Gedanken zur Ruhe zu bringen und sich auf das zu konzentrieren, was er im Kindergottesdienst gelernt hatte. Doch dann sah er wieder die Kastanienbäume vor sich ... Würde sein Vater auf eine Kiste steigen müssen, die sie dann unter seinen Füßen wegtraten? Nein, so etwas konnte und durfte Gott nicht zulassen!

Michiel stand auf, ging durch die Hintertür ins Freie und hob den Blick zum Himmel. Er war wolkenlos, die Sterne leuchteten kalt und fern. Plötzlich sah er einen davon fallen. »Mein Vater soll wohlbehalten wieder nach Hause kommen«, flüsterte er rasch, denn wer eine Sternschnuppe sieht, der darf sich etwas wünschen.

Es könnte doch auch sein, dass der Soldat im Wald von einem Baum getroffen worden ist, fiel Michiel mit einem Mal ein. Oder vom Blitz. Womöglich hatte er auch einen Herzschlag bekommen. Nein, das eher nicht, denn er hatte ja eine Schädelverletzung gehabt. Aber ein umstürzender Baum, das war durchaus drin. Michiel fragte sich, ob der Kommandant so etwas überhaupt erwogen hatte.

Er hastete im Dunkeln nach oben in sein Zimmer, entzündete rasch eine Kerze, suchte ein Blatt Papier und schrieb in seinem besten Deutsch:

Sehr geehrter Herr Kommandant,
Sie haben mitteilen lassen, dass morgen früh zehn Männer erhängt werden, wenn bis dahin nicht bekannt ist, wer den Soldaten im Wald getötet hat. Könnte es nicht sein, dass er von einem umstürzenden Baum getroffen wurde? Ich weiß noch, dass es Mitte September ein schweres Gewitter gegeben hat. Vielleicht hat der Blitz in einen Baum eingeschlagen, der dann auf den Soldaten gefallen ist. Würden Sie uns bitte noch etwas Zeit geben, das herauszufinden? Mit vorzüglicher Hochachtung,
Michiel van Beusekom

Er faltete das Blatt, steckte es in einen Umschlag und schlich zum Nachbarhaus. Das Wohnstubenfenster war mit schwarzer Pappe verdunkelt. Michiel klopfte an die Scheibe. Kurz darauf ging die Haustür einen Spalt auf, und Frau Knopper flüsterte aufgeregt: »Dirk, bist du das?«
»Nein, ich nur«, sagte Michiel.
»Ach so, du bist es.« Es klang enttäuscht. »Ich dachte einen Moment lang ...«
»Tut mir leid, Frau Knopper.«
»Lass nur, Junge. Ihr habt ja selber große Sorgen. Was kann ich für dich tun?«

»Ich hab hier einen Brief an den Kommandanten der Kaserne, und Sie haben doch deutsche Offiziere als Einquartierung. Ob Sie die wohl bitten könnten, den Brief dort abzugeben?«
»Ich weiß nicht recht. Wann soll der Brief denn beim Kommandanten sein?«
»Morgen in aller Frühe. Bevor sie ...«
»Na, dann gib mal her, ich werd's versuchen. Einen Moment, ja?«
Michiel hörte Frau Knopper die Treppe hinaufgehen und mit einem Mann sprechen.
»Er macht es«, sagte sie, als sie wieder vor ihm stand. »Er muss sowieso morgen früh um sechs zum Dienst.«
»Vielen Dank, Frau Knopper. Haben Sie inzwischen was von Dirk gehört?«
»Keine Silbe.«
»Dann gute Nacht.«
»Schlaf gut, Michiel.«

»Wo warst du?«, fragte Frau van Beusekom, als Michiel wieder zu Hause war. Nachdem er von seinem Brief erzählt hatte, strich sie ihm über das kurze Haar. »Hoffen wir, dass es hilft. Jetzt aber ins Bett, Kinder, wir müssen schlafen.«
»Unmöglich«, sagte Erica.
»Hinlegen sollten wir uns trotzdem, allein die Ruhe wird uns gut tun.«
Sie suchten ihre Zimmer auf, und wenig später lagen sie alle drei im Bett und starrten mit weit offenen Augen in die Finsternis.

Das Gerücht hatte Bauer Zwanenburg aufgebracht, dessen Hof sich in unmittelbarer Nähe der Kaserne befand. Er hatte es dem Milchfahrer erzählt und der wiederum den anderen Bauern, bei

denen er Kannen abholte. Schon bald wussten fast alle im Dorf, dass um halb sieben am Morgen in der Kaserne Schüsse gefallen waren, eine ganze Salve wie von einem Hinrichtungskommando. Auch Michiel, seine Mutter und Erica, die von der durchwachten Nacht völlig gerädert waren, war es zu Ohren gekommen.
»Ich gehe noch mal hin«, sagte Frau van Beusekom. »Wir müssen Gewissheit haben.«
Als sie sich um acht auf den Weg machen wollte, hing bereits eine Bekanntmachung an der Kirchenmauer: Vier der zehn Geiseln seien erschossen worden, stand darin, und falls sich der Täter nicht bis zum nächsten Morgen melde, würden auch die anderen sechs hingerichtet.
Die Ehefrauen der getöteten Männer – es waren der Gemeindesekretär, der Tierarzt, der Schulrektor und ein pensionierter Beamter aus der Stadt, der erst vor Kurzem nach de Vlank gezogen war – bekamen im Laufe des Vormittags ein offizielles Schreiben mit vielen Stempeln und der lapidaren Mitteilung, ihre Männer seien in der Haft verstorben. Damit war der Bürokratie Genüge getan. Und nicht nur das: Um die Mittagszeit wurden die Leichen in Särgen nach Hause gebracht.
Es war, als ginge ein drohendes Grummeln durchs Dorf, das jeden Moment anschwellen und in einen wütenden Aufschrei münden konnte. Kein Deutscher wagte sich an diesem Tag allein auf die Straße, und auch die Mitglieder des NSB, die als Landesverräter galten, zeigten sich nicht.
Die Angehörigen der sechs übrigen Geiseln waren vor Angst wie gelähmt und konnten keinen klaren Gedanken mehr fassen.
Aber auch der 23. November 1944 ging vorbei, und die Dorfbewohner legten sich zu Bett, obwohl viele wussten, dass sie kein Auge zutun würden.

Schon um halb sieben war Michiel wieder auf den Beinen. Er schob die Verdunkelungsrollos hoch, und während er den Ofen anheizte, blickte er ab und zu aus dem Fenster, obwohl es noch lange nicht hell war.
Plötzlich sah er schemenhafte Gestalten. Die vorderste ging leicht gebückt – war das nicht Großbauer Schiltman, einer der Geiselhäftlinge?
Michiel stürzte ins Freie, auf die Männer zu. Tatsächlich, es war Schiltman, und hinter ihm gingen der Notar und der Steuerinspektor und ...
»Wo ist mein Vater?«, schrie er und packte Schiltman am Arm.
»Junge, hast du mich erschreckt! Wer bist du überhaupt?«
»Das ist Michiel vom Bürgermeister«, sagte Notar van de Hoeven leise.
»Vom Bürgermeister ...« Schiltman machte ein betroffenes Gesicht.
»Warum ist mein Vater nicht bei Ihnen?« Michiels Stimme überschlug sich vor Aufregung.
»Sie haben ihn erschossen, es ist noch keine Stunde her. Wir fünf durften nach Hause, aber ihn haben sie erschossen, die elenden Mörder.«
Michiel ließ Schiltmans Arm los, drehte sich schweigend um und ging aufs Haus zu. Seine Mutter und Erica standen in der Tür. Sie hatten ihn schreien hören und blickten ihm bang entgegen.

Michiels Gesicht hatte nach dem Tod seines Vaters einen entschlosseneren Zug angenommen. Er fühlte sich nun ein wenig als Familienoberhaupt, obwohl seine Mutter noch da und Erica älter war als er. Und er war fest entschlossen, nach Kräften dazu beizutragen, dass der entsetzliche Krieg möglichst bald mit einer Niederlage für die Deutschen endete.
Menschenleben durften dabei jedoch keinesfalls aufs Spiel gesetzt werden, deshalb schieden Angriffe auf Soldaten und auch auf Besitz der Deutschen von vornherein aus. Michiel wollte vielmehr jene unterstützen, die vom Feind gesucht oder verfolgt wurden. Und darum war es ihm wichtiger denn je, dass Jack den Krieg überlebte.
Solche Gedanken gingen ihm durch den Kopf, als er etwa eine Woche nach dem Begräbnis durchs Tannendickicht kroch. Doch als der Höhleneingang in Sicht kam, stand dort nicht wie sonst der junge Engländer mit seiner Pistole in der linken Hand. Es war das erste Mal, dass Jack ihn nicht kommen hörte.
»Pssst«, machte Michiel. Keine Reaktion.
Was war da los? Hatte man Jack gefunden, und er selbst tappte nun direkt in die Falle? Vorsichtig spähte Michiel in die Höhle. Eine Mischung aus Erleichterung und Wut überkam ihn, als er Jack und Erica dicht beieinander sitzen und Küsse tauschen sah.
»Du hast Kummer«, flüsterte Jack gerade und strich ihr über die Wange. »Du siehst blass und traurig letzte Zeit.«
»Es ist nichts, mach dir keine Sorgen«, sagte Erica und fügte dann hinzu: »Du bist so lieb.«

Und wieder begannen sie zu schmusen.
»Hm-hm!«, hüstelte Michiel. »Ich störe wohl.«
Die beiden sprangen ertappt auf.
»Weibergeschichten gehen auf Kosten der Wachsamkeit«, meinte Michiel altklug.
»Nicht bös sein.« Jack grinste verlegen. »Ich liebe dein Sister, you know.«
»Man sieht's«, gab Michiel trocken zurück. »Die größte Dummheit, die ich bisher gemacht habe, war Erica hierherzubringen.«
»Warum? Was hast du gegen Jack?«, brauste Erica auf.
»Gegen ihn hab ich gar nichts, du Gans. Ich hab nur was dagegen, dass er und du und ich den gleichen Weg gehen wie Vater.«
»Was für Weg deine Vater geht?«, fragte Jack.
»Er ist vorige Woche als Geisel von den Deutschen erschossen worden.«
Jack starrte ihn entsetzt an.
»Erschossen? Vorige Woche? How terrible. Darum mein Darling ist traurig ...« Er legte den gesunden Arm um Erica und zog sie an sich.
Michiel fand die Situation zwar mehr als ärgerlich, aber er hatte genug Liebespaare gesehen, um zu wissen, dass man leichter die Magdeburger Halbkugeln auseinanderbrächte, als Erica daran zu hindern, Jack weiterhin zu besuchen.
»Na gut«, sagte er, »wenn das so ist, versorgst du ihn ab jetzt mit Essen.«
»Werd bloß nicht unverschämt!«, fuhr Erica ihn an. »Ich bin immer noch deine ältere Schwester, und du hast mir gar nichts zu befehlen! Eher umgekehrt, merk dir das!«
»Aber ich trage die Verantwortung«, sagte Michiel gelassen.

»Er hat recht, Sweetheart«, mischte Jack sich ein. »Wenn Dirk ist in prison, deine Bruder ist Boss von unser Widerstand.«
»Okay«, sagte Michiel, »dann gehe ich in Zukunft einmal die Woche und du zwei Mal, vorausgesetzt, du bist vorsichtig und hältst dich genau an das, was ich sage. Du nimmst jedes Mal einen anderen Weg zum Wald, gehst immer zu einer anderen Uhrzeit und so weiter.«
»Ich finde, du übertreibst es mit der Vorsicht. Aber meinetwegen: Ich mache, was du sagst.«
»Good girl«, lobte Jack.
Weil Jack und Erica anzusehen war, dass sie ihn am liebsten schnell wieder los wären, und Michiel keine Lust hatte, das fünfte Rad am Wagen zu sein, verabschiedete er sich und trat auf allen vieren den Rückweg an.

Am darauffolgenden Sonntag kamen so gut wie keine Leute durch de Vlank. Michiel stand im Erker und blickte auf die leere Hauptstraße hinaus. Seit dem verhängnisvollen Donnerstagmorgen wurde wenig im Haus gesprochen, weil keinem danach zumute war. Nur Jochem schwatzte munter drauflos.
Michiel hörte in der Ferne ein leises Dröhnen, das langsam stärker würde. Da kamen sie wieder, die Flugzeuge, die deutsche Städte mit Bombenteppichen überziehen würden.
»Recht so«, sagte Michiel leise. »Hoffentlich zielen sie gut.«
»Denk doch an die vielen unschuldigen Frauen und Kin...«, begann Frau van Beusekom und brach dann ab, weil sie unwillkürlich an ein Gespräch über das gleiche Thema denken musste, als ihr Mann noch lebte. »Sie haben mit dem grässlichen Krieg angefangen«, hatte er damals gesagt, »das ist nun der Preis.« Sie fragte sich, ob sie nicht eigentlich Rachegefühle

haben müsste, die sie für das Leiden der deutschen Frauen und Kinder unempfindlich machten.
»Guck dir das an!«
Michiels Ruf riss sie aus ihren Überlegungen, und sie trat zu ihm ans Fenster. In einiger Entfernung wimmelte es regelrecht von Menschen. Wie ein Zug Ameisen, der die ganze Straßenbreite einnahm, schoben sie sich vorwärts. Und in den angrenzenden Vorgärten sammelten sich die Nachbarn.
Was hatte das zu bedeuten? Michiel, seine Mutter und Jochem liefen nach draußen und sahen, dass es lauter Männer waren, Hunderte, wenn nicht gar Tausende Männer, mit Koffern und Taschen, die zu fünft oder sechst nebeneinander gingen. Sie wurden von Soldaten mit geschulterten Gewehren bewacht, die aber nicht verhindern konnten, dass manche ausscherten und von den Dorfbewohnern Essen entgegennahmen.
»Die Leute sind völlig ausgehungert«, sagte Frau van Beusekom. »Seht nur, wie gierig sie nach dem Brot greifen. Der Mann da rechts, hinter dem großen mit dem grünen Schal, hat gerade ein Wurstbrot vom Boden aufgehoben und sofort reingebissen.«
»Warum haben die Leute Hunger, Mama?«, fragte Jochem.
»Ich weiß es nicht. Schnell, Kinder, wir holen alles, was im Haus ist. Wir kommen auch mal einen Tag ohne Essen aus.«
Sie liefen in die Küche, schnitten in Windeseile einen Laib Brot und zwei Würste in Scheiben, holten Äpfel und Milch und trugen alles ins Freie.
Inzwischen zogen die Männer schon an ihrem Haus vorbei und nahmen das Essen, das sie ihnen reichten, dankbar an.
»Wo kommt ihr her?«, fragte Michiel einen Jungen, der kaum älter als achtzehn aussah.
»Aus Rotterdam. Razzia. Arbeitseinsatz in Deutschland.«

»Weitergehen!«, brüllte ein Soldat, der Junge tauchte rasch wieder in die Menge ein.
»Wie weit ist es noch bis zur Kaserne?«, wandte ein älterer Mann sich an Michiel.
»Ungefähr zwei Kilometer.«
»Ach du liebe Güte ...«
»Aber das ist doch nicht weit.«
»Wir sind schon seit vier Tagen unterwegs«, sagte der Mann. »Ich bin am Ende. Mein Magengeschwür macht mir zu schaffen, ich kann nicht mehr weiter.« Aber er schaffte es doch und schleppte sich mit einem Bastkoffer in der Hand vorwärts.
Etliche Männer entkamen, während sich der endlos scheinende Zug durch de Vlank bewegte. Sie versteckten sich hinter Bäumen, mischten sich unter die Dorfbewohner oder sprangen in Mannlöcher.
Der pensionierte Forstmeister Koster trat plötzlich vor, riss einem Mann den Koffer aus der Hand und befahl: »Los, stell dich neben mich und guck möglichst harmlos.«
Ein Soldat packte Herrn Koster am Arm, weil er den Koffer trug. »Lassen Sie mich los, ich wohne hier«, knurrte dieser. »Wir haben hier auch Koffer, damit Sie's wissen!«
Da keine Zeit für Nachforschungen war, beließ der Soldat es dabei. Koster schickte den Mann samt seinem Koffer ins Haus und spähte nach einem nächsten »Opfer« oder besser Schützling aus. Auf diese Weise gelang es ihm, fünf Männer loszueisen.
Die Rotterdamer erreichten schließlich die Kaserne am Bahndamm, wo sie übernachten sollten. Später hörte man im Dorf, es seien sechstausend Männer und Jungen gewesen, und sie hätten mehrere Tage unter widrigsten Umständen auf dem Gelände hinter der Kaserne kampieren müssen.

In der Nacht wurde Michiel wach, weil er Stimmen zu hören meinte. Er fragte sich, ob es Einbildung gewesen war, da nun wieder Stille herrschte. Nein, jetzt ging unten eine Tür. Wahrscheinlich konnten seine Mutter oder Erica nicht schlafen und geisterten durchs Haus.

Michiel drehte sich im Bett um und wollte weiterschlafen, aber mit einem Mal hatte er das Gefühl, dass irgendetwas nicht stimmte.

Womöglich waren Einbrecher am Werk ...

Entschlossen schwang er die Beine über die Bettkante und stieg schnell, aber ohne einen Laut die Treppe hinab. Auf die drittletzte Stufe durfte er nicht treten, weil sie knarrte.

Er blieb stehen und lauschte.

Aus der Wohnstube waren fremde Stimmen zu hören.

Michiel schlug das Herz bis zum Hals. Dann raffte er, in dem Bewusstsein, der einzige Mann im Haus zu sein, allen Mut zusammen und öffnete die Tür.

In der Stube brannten vier Kerzen. Michiel sah zwei ihm unbekannte Männer, einen jungen und einen älteren. Seine Mutter kniete am Boden und war dabei, dem Älteren die Füße zu verbinden. Was bitter nötig war, denn sie sahen wund und geschwollen aus.

Die beiden Fremden zuckten zusammen, als Michiel urplötzlich dastand. Dann sprang der Jüngere auf und rannte zur Terrassentür, während der Ältere schreckensstarr sitzen blieb und nach Luft rang.

»Sie brauchen keine Angst zu haben«, beschwichtigte Frau van Beusekom. »Das ist mein ältester Sohn, er hält es nicht mit den Deutschen.«

»Ganz bestimmt nicht«, bekräftigte Michiel.

»Die beiden Herren sind heute Nacht aus der Kaserne geflohen und haben auf gut Glück bei uns angeklopft.«
»Aber nur ganz leise«, sagte der ältere Mann kleinlaut.
»Ich habe nicht geschlafen, Sie brauchen sich nicht zu entschuldigen.«
»Aber wir bringen Sie und Ihre Familie in Gefahr.«
»Nicht allzu sehr, denke ich. Sie sollen doch zum Arbeitseinsatz und sind keine politischen Gefangenen, oder?«
Die beiden Männer schwiegen.
»Wie haben Sie es geschafft, zu entkommen?«, fragte Michiel.
»Das war gar nicht so schwer«, antwortete der junge Mann. »Das Gelände hinter der Kaserne ist nur mit Maschendraht eingezäunt, nicht mit Stacheldraht, und die Deutschen haben zu wenige Bewacher. Wenn sie aber merken, dass jemand flieht, machen sie kurzen Prozess. Am späten Nachmittag, als wir gerade erst angekommen waren, ist ein Mann über den Zaun gestiegen und am Bahndamm entlanggerannt. Er hatte Pech und lief einer Patrouille in die Arme. Wissen Sie, was die mit ihm gemacht haben? Sie haben ihm einen Spaten in die Hand gedrückt, und er musste eine Grube ausheben. Dann haben sie ihn gezwungen, sich daneben zu legen. Der SS-Offizier, der die ganze Zeit dabeigestanden hatte, zog seine Pistole und gab ihm einen Genickschuss, ganz lässig, so als würde er eine Fliege totschlagen. Und dann hat er ihn mit dem Fuß in die Grube gestoßen. Wir haben das Ganze mitangesehen, weil es nicht weit von der Kaserne passiert ist. Zwei von uns wurden geholt und mussten die Grube zuschaufeln. ›Lasst euch das eine Lehre sein‹, hat der SS-Mann zu ihnen gesagt. ›So wird es jedem ergehen, der unsere Gastfreundschaft nicht zu schätzen weiß.‹ Dann ist er, seinen Schlagstock schwingend, davongegangen.«

Frau van Beusekom wischte sich mit dem Handrücken über die Augen.
»Und trotzdem haben Sie es gewagt?«, sagte Michiel.
»Ja, aber erst in der Nacht. Es war gar nicht so schwer, über den Zaun zu klettern«, sagte der Jüngere.
»Auch für Ihren ... äh ... Ihren Vater?«
»Ich bin sein Vater, stimmt. Verzeihen Sie bitte, dass wir uns noch gar nicht vorgestellt haben. Ich heiße ...«, er zögerte kurz, ehe er fortfuhr, »... ich heiße Hans de Groot, und das hier ist mein Sohn David.«
»Ich bin Frau van Beusekom, und mein Sohn heißt Michiel.«
»Sehr erfreut«, sagte Herr de Groot.
»Meinem Vater ist das Klettern tatsächlich nicht ganz leichtgefallen«, kam David auf Michiels Frage zurück. »Aber mit etwas Mühe hat er es doch geschafft.«
»Es muss Ihnen sehr wichtig gewesen sein zu fliehen«, sagte Frau van Beusekom nachdenklich. »Immerhin haben Sie dabei Ihr Leben aufs Spiel gesetzt.«
Michiel musterte die beiden Männer eingehend. Sie waren eher klein, der Sohn hatte schwarzes Haar, der Vater graues. Und bei dem älteren Herrn de Groot meinte Michiel, einen leichten Akzent gehört zu haben.
Frau van Beusekom räumte das Verbandszeug weg. »So wird es wohl gehen, Herr Polak ... äh ... Herr de Groot, meine ich«, sagte sie.
Die beiden wurden rot.
Michiel hatte aufgehorcht, denn Polak war ein typisch jüdischer Name. Anscheinend hielt seine Mutter die beiden für Juden und hatte das mit dem absichtlichen Versprecher zu erkennen gegeben.

Sie liegt garantiert richtig, dachte Michiel. Und es würde auch erklären, dass sie die gefährliche Flucht riskiert hatten. Sie hatten schlicht keine andere Wahl gehabt, denn über kurz oder lang hätten die Deutschen sicherlich herausgefunden, dass sie Juden waren.
Der ältere Mann sah Frau van Beusekom betreten an.
»Sie ... Sie wissen also Bescheid«, stotterte er.
»*Wissen* ... es war eher ein Gefühl.«
»Sie haben recht. Wir heißen Kleerkoper. Und wir brechen am besten gleich wieder auf, denn dass wir uns in Ihrem Haus aufhalten, bringt Sie in Lebensgefahr. Komm, David.«
Die beiden Männer standen auf und gingen zur Tür.
»Wohin wollen Sie denn gehen, Herr Kleerkoper?«, fragte Frau van Beusekom mit ruhiger Stimme.
»Nach Overijssel. Zu Leuten, die tatsächlich de Groot heißen. Bei ihnen können wir untertauchen.«
»Und wie wollen Sie über die Ijssel kommen? Die Brücken werden streng bewacht und die Fähren genauso.«
»Ich weiß es nicht. Es wird sich schon ein Weg finden.«
»Setzen Sie sich doch bitte wieder, dann können wir gemeinsam überlegen. Aber erst einmal wüsste ich gern, wie es kommt, dass Sie im fünften Kriegsjahr auf der Straße aufgegriffen wurden. Ich dachte, inzwischen seien alle Juden entweder in Konzentrationslagern oder lebten in Verstecken.«
»Das war ein dummer Zufall«, sagte Herr Kleerkoper. »Wenn es Sie und Ihren Sohn interessiert, erzähle ich es gern.«
»Selbstverständlich interessiert uns das«, antwortete Frau van Beusekom. »Es ist erst halb vier. Ich bin ganz Ohr.«
Herr Kleerkoper nahm wieder Platz und erzählte seine Geschichte.

Die Geschichte der Familie Kleerkoper

Jitzchak Kleerkoper wurde 1890 in Deutschland geboren. Sein ursprünglicher Familienname lautete Rosenthal. Er war Deutscher und empfand sich auch als deutsch. Dass er außerdem Jude war, hatte für ihn keine große Bedeutung. Es gab Katholiken und Protestanten, unter denen gab es wieder verschiedene Ausprägungen, und er war nun einmal Jude. Im Ersten Weltkrieg von 1914 bis 1918 kämpfte er auf deutscher Seite. Als seine Einheit in einen Hinterhalt geriet, hielt er mannhaft aus und rettete sogar einem Kameraden das Leben. Dafür wurde ihm das Eiserne Kreuz verliehen, eine hohe Kriegsauszeichnung.

Kurz nach dem Krieg lernte er eine junge Niederländerin namens Lotte Kleerkoper kennen, die wie er jüdische Wurzeln hatte. Die beiden heirateten, und obwohl sie in Deutschland lebten, lernte Jitzchak die Muttersprache seiner Frau. Sie bekamen zwei Kinder: David und Rosemarie.

Nach Hitlers Machtergreifung 1933 waren die deutschen Juden immer schlimmeren Demütigungen und Schikanen ausgesetzt. Die Zeitungen schrieben, alles Schlechte in der Welt sei ihre Schuld und sie seien Untermenschen, die ausgerottet werden müssten. Jitzchak verfolgte die ihm unbegreifliche Entwicklung mit großer Sorge.

Im November 1938 kam es dann zur »Kristallnacht«. In vielen Städten Deutschlands wurden bei Juden die Fenster eingeworfen und zahlreiche Synagogen gingen in Flammen auf. Auch die Schaufenster des großen Möbelgeschäfts der Rosenthals lagen in Scherben, Polster von Sofas und Sesseln waren zerschnitten und blanke Tischplatten zerkratzt.

Dieses Ereignis gab den Ausschlag für Jitzchaks Entschluss, Deutschland zu verlassen. Dabei ging es ihm nicht etwa um den materiellen Schaden, sondern darum, dass keiner der Nachbarn und Freunde Stellung bezog und das Vorgehen der Nationalsozialisten öffentlich verurteilte.

Jitzchak sah für sich und seine Familie keine Zukunft mehr in Deutschland, deshalb zogen sie in die Niederlande. Er war so maßlos enttäuscht von seinem Vaterland, dass er seinen deutschen Familiennamen ablegte und den seiner Frau annahm: Kleerkoper.

Doch dann fielen am 10. Mai 1940 deutsche Truppen in den Niederlanden ein, und schon bald wurde auch dort die jüdische Bevölkerung unterdrückt und schikaniert. Anfangs durften die Juden keine öffentlichen Verkehrsmittel mehr benutzen, keine Kinos mehr besuchen und mussten einen gelben Stern mit der Aufschrift »Jude« auf ihrer Kleidung tragen. Später wurden sie verhaftet, in Konzentrationslager verschleppt und dort ermordet. Zu Tausenden und Millionen.

Viele Juden in den Niederlanden versuchten, sich dem Zugriff der Deutschen zu entziehen, indem sie untertauchten. Auch Jitzchak hatte bereits mit einem Freund der Familie namens Voerman verabredet, dass sie bei ihm auf dem Speicher wohnen sollten. Eines Montagabends, als er und David zu einer letzten Besprechung bei den Voermans waren, fand in ihrem Haus eine Razzia statt, bei der die Deutschen auch Lotte und Rosemarie mitnahmen.

Jitzchak machte sich keine Illusionen: Ihm war klar, dass es kaum Chancen gab, Frau und Tochter jemals wiederzusehen. So bezogen nur er und David den Verschlag auf dem Dachboden der Voermans, doch in den wenigen Tagen bis dahin war sein

Haar so grau geworden wie die Baracken im Konzentrationslager Dachau.

Vor etwa einer Woche hatte eine Hausdurchsuchung bei der Familie Voerman stattgefunden. Wie aus dem Nichts waren mitten in der Nacht Soldaten aufgetaucht, hatten gegen die Haustür gehämmert und lautstark Einlass gefordert.

Jitzchak hörte ihre schweren Schritte und barschen Stimmen im Stockwerk darunter, auch die zittrige Stimme seines Freundes, der sagte, er habe nichts zu verbergen. Als ihm klar wurde, dass es kein Entkommen mehr gab, zog er sich einen Morgenmantel über, schlüpfte mit bloßen Füßen in seine Pantoffeln und ging mit dem Mut der Verzweiflung die Treppe hinab, wobei er laut fluchte und schimpfte. Von seiner Dienstzeit im Ersten Weltkrieg her war ihm der militärische Ton geläufig. Was in Dreiteufelsnamen der Radau mitten in der Nacht solle, brüllte er, und ob sie denn nicht wüssten, dass er, Oberst von Brandenburg, in diesem Haus einquartiert sei und in höchsteigener Person vor ihnen stehe!

Der Oberfeldwebel, der den Trupp anführte, wollte etwas erwidern, aber Jitzchak ließ ihn nicht zu Wort kommen.

»Warum haben Sie diesen elenden Rüpeln nicht gleich gesagt, dass ich hier wohne?«, herrschte er Herrn Voerman an.

»Verzeihen Sie bitte, Herr Oberst«, sagte dieser mit dünner Stimme. »Ich war völlig durcheinander. Die Herren haben Sturm geläutet, ich war noch im ersten Schlaf und habe sie zuerst gar nicht ...«

»Unverschämtheit!«, brüllte Jitzchak. »Eine Affenschande ist das! Ihr Name, Oberfeldwebel!«

Der Mann schlug die Hacken zusammen und stand stramm: »Oberfeldwebel Maier, drittes Bataillon.«

»Die Sache wird noch ein Nachspiel haben!«, fuhr Jitzchak ihn an. »Und jetzt machen Sie, dass Sie samt Ihrem Idiotenhaufen verschwinden! Heil Hitler!«
Wieder schlug Oberfeldwebel Maier die Hacken zusammen. »Zu Befehl, Herr Oberst! Heil Hitler!«
Als die Soldaten das Haus verlassen hatten, reichten Jitzchak und Herr Voerman einander schweigend die Hand. Sie waren mit knapper Not dem Konzentrationslager entronnen.
»Eine reife Leistung, Jitzchak«, sagte Herr Voerman schließlich.
»Mag sein, aber ich fürchte, jetzt müsst auch ihr untertauchen. Das tut mir unendlich leid. Morgen früh müssen wir alle fort sein: du und deine Frau und David und ich. Denn dieser Oberfeldwebel erkundigt sich garantiert, was es mit dem rabiaten Oberst von Brandenburg auf sich hat. Fragt sich nur, wie wir an Quartiere kommen sollen.«
Voerman hatte gute Bekannte in Overijssel, eine Familie namens de Groot, bei der er und seine Frau Unterschlupf finden würden. Für die Kleerkopers hingegen war der weite Weg in den Nordosten des Landes zu gefährlich.
»Sollte es euch zufällig doch in die Gegend verschlagen, dann kommt einfach«, sagte Voerman. »Die de Groots sind gutherzige Bauersleute und haben bestimmt auch für euch einen Platz.«
Jitzchak Kleerkoper und sein Sohn konnten im Rotterdamer Vorort Kralingen unterkommen. Der Weg dorthin war zwar nicht ungefährlich, aber das Risiko, auf der kurzen Strecke gefasst zu werden, vergleichsweise gering.
»Dann wollen wir mal hoffen, dass wir alle den Krieg überleben. Es tut mir wirklich leid, dass ihr schon wieder umziehen müsst«, meinte Voerman beim Abschied.

»Danke für alles«, sagte Jitzchak. »Und was den Umzug angeht, bin ich lieber ein Jude auf Wanderschaft als ein strammstehender Deutscher. Masel tov.«
Sie trennten sich.
Jitzchak und David gerieten in eine Razzia. Zum Glück fragten die Soldaten nicht nach Ausweisen, sondern nahmen sie einfach mit, zusammen mit vielen anderen Männern. Letztere durften in Begleitung noch kurz nach Hause, um ihre Koffer zu packen. Bei den Kleerkopers war das nicht nötig, sie hatten ihre Sachen bereits dabei.
So waren sie nach einem viertägigen erschöpfenden Fußmarsch nach de Vlank gekommen. Unterwegs hatte sich keine Fluchtmöglichkeit ergeben, weil einer der Bewacher sie ständig im Auge behielt – womöglich vermutete er etwas. Erst vom Kasernengelände aus hatten sie entkommen können und waren nun in Freiheit – aber für wie lange?

»Bis zum Ende des Kriegs, hoffe ich«, sagte Frau van Beusekom. »Wir brauchen jetzt vor allem einen guten Plan, wie Sie unbehelligt über die Ijssel kommen.«
»Wie wär's, wenn wir die beiden verkleiden, zum Beispiel als Veluwer Bäuerinnen«, schlug Michiel vor. »Mit weißer Haube, weitem Rock, Mieder – und fertig ist die Laube.«
»Aber auf den Brücken werden doch die Papiere kontrolliert«, wandte seine Mutter ein.
»Stimmt, die Verkleidung taugt nur für unterwegs«, sagte Michiel. »Um über den Fluss zu kommen, müssen wir uns noch etwas ausdenken. Die Koppler Fähre, das wäre vielleicht eine Möglichkeit ...«
»Die Fähre?« Frau van Beusekom sah ihn verständnislos an.

»Ja, neulich hab ich etwas Interessantes darüber gehört. Wenn es stimmt, ist die Sache geritzt. Ich erkundige mich gleich heute früh.«

Herr Kleerkoper musterte Michiel über den Rand seiner Drahtbrille hinweg und wandte sich dann an Frau van Beusekom: »Ihr Sohn hat wirklich Schneid«, sagte er. »Ihnen ist das Risiko sicherlich klar. Aber auch ihm?«

»Früher wollte ich nicht, dass meine Kinder etwas tun, was sich gegen die Bestimmungen der Besatzer wendet«, sagte sie. »Ich hielt es für zu gefährlich und auch für aussichtslos. Dabei hatte ich, das muss ich gestehen, immer Zweifel, ob Michiel sich auch an meine Verbote hielt. Inzwischen weiß ich schon seit einem Jahr nicht mehr genau, was er so alles macht. Damit habe ich mich abgefunden, wenn auch schweren Herzens. Aber in Kriegszeiten ist ein Junge von fünfzehn, sechzehn Jahren kein Kind mehr, und außerdem hat sich mein Standpunkt vor Kurzem grundlegend geändert. Ich habe ihnen ja schon erzählt, dass mein Mann gestorben ist. Nun, es verhält sich so, dass er als Geiselhäftling von den Deutschen erschossen wurde.«

Sie hatte mit fester Stimme gesprochen und nicht eine Träne dabei vergossen. Mit vor Aufregung geröteten Wangen fuhr sie nun fort: »Michiel und ich haben nie darüber gesprochen, aber ich weiß, dass wir beide, und auch meine Tochter Erica, seitdem alles tun würden, damit das entsetzliche Morden ein Ende findet. Also, Michiel, du wirst schon wissen, was du tust.«

Nicht weit von der Anlegestelle der Koppler Fähre entfernt stand eine große weiße Villa, die der Baronin Weddik Wansfeld gehörte. Sie lebte dort mit ihrer Tochter und ihrem Schwiegersohn, einem Bruder ihres verstorbenen Mannes, zwei ledigen Nichten, einem Hausknecht und zwei Dienstmädchen.

Obwohl mehrere Männer im Haus waren, bestand kein Zweifel daran, wer das Sagen hatte: die dreiundsechzigjährige Louise Adelheid Mathilde Magdalene Baronin Weddik Wansfeld. Wegen ihrer Initialen nannte man sie auch »Lamm«, allerdings nur, wenn sie nicht in Hörweite war – ein höchst unpassender Spitzname, denn mit einem braven, duldsamen Lamm hatte die hagere und sehr würdevolle Dame ganz und gar nichts gemeinsam.

Nur unter Protest hatte sie hingenommen, dass Soldaten bei ihr einquartiert wurden. Es handelte sich um insgesamt fünf Männer, die zur Bewachung der Fähre eingeteilt waren und wöchentlich abgelöst wurden. Als der Kasernenkommandant ihre Einquartierung in der Villa anordnete, hatte die Baronin heftig widersprochen und tatsächlich erreicht, dass der Kommandant persönlich bei ihr vorsprach. Schließlich aber hatte sie nachgeben müssen.

»Nun gut«, hatte sie in makellosem Deutsch gesagt, »dann sollen die Männer eben kommen. Ich verlange allerdings, dass sie sich strikt an unsere Hausregeln halten. Und die erhalten Sie ausschließlich von mir.«

»Selbstverständlich, Frau Baronin«, hatte der Kommandant gesagt. »Meine Leute wissen, was Disziplin heißt. Ich bürge dafür, dass sie sich stets korrekt verhalten.«
Daraufhin hatte die Baronin ihre Regeln aufgestellt. Für Familie und Personal galt: Niemand spricht mit den Soldaten. Nur sie selbst würde mit ihnen reden, auch wenn es um eine nichtige Angelegenheit wie eine zerbrochene Tasse ging.
Für die Soldaten gab es eine ganze Reihe von Regeln, die jedoch nicht schriftlich fixiert wurden, weil sie sonst eventuell dem Kommandanten zu Augen gekommen wären. So hatte es sich eingebürgert, dass die jeweils neue Wachmannschaft am Montagmorgen im Salon antrat, wo die grauhaarige Baronin kerzengerade auf einem Stuhl saß und den vor ihr strammstehenden Männern sachlich und ohne den geringsten Widerspruch zu dulden aufzählte, was sie in ihrem Hause zu tun und zu lassen hatten. Dem Unteroffizier wies sie ein Zimmer in der Villa zu, seinen Leuten einen Raum im Kutschenhaus. Nach zehn Uhr abends, so sagte sie, habe absolute Ruhe zu herrschen, und ihren Abfall hätten die Herren in der Tonne neben der Waschküche zu deponieren. »Zwischen drei und halb vier ist Teezeit im Wintergarten«, fuhr sie fort. »Ich erwarte Sie dort täglich um drei Uhr. Später sind meine Dienstmädchen mit anderen Arbeiten beschäftigt, deshalb verlange ich Pünktlichkeit!«
Danach folgten noch weitere Verhaltensregeln.
Die Soldaten waren von ihrem bestimmten Auftreten jedes Mal so beeindruckt, dass sie sich allem widerspruchslos fügten. Und weil es sich in Adelskreisen offenbar so gehörte, traten sie täglich zum Teetrinken an. Dass die Fähre dann eine halbe Stunde lang unbewacht war, hatten manche rasch mitbekommen, und man gab den Tipp an gute Bekannte weiter.

So steuerte Fährmann van Dijk jeden Tag zwischen drei und halb vier mit Leuten, die keine gültigen Papiere hatten oder Schmuggelware mitführten, das jenseitige Ufer der Ijssel an, während Louise Adelheid Mathilde Magadalene Baronin Weddik Wansfeld in ihrem Wintergarten Konversation mit der Wehrmacht pflegte.

Als Michiel um neun Uhr morgens in der Villa vorsprach, empfing die Baronin ihn trotz der frühen Stunde freundlich, sprach ihm ihr Beileid zum Tod seines Vaters aus und machte keinen Hehl aus ihrem Abscheu gegenüber den Deutschen.
»Was führt dich her, junger Mann?«, fragte sie dann.
»Es geht um eine Auskunft. Sie wohnen ja so nah bei der Fähre. Können Sie mir wohl sagen, ob sie zwischen drei und halb vier verkehrt? Ich müsste nämlich genau um diese Zeit zwei Bäuerinnen ans andere Ufer bringen.«
»Zwei Bäuerinnen ...«, wiederholte die Baronin. »Sag mal, wie alt bist du eigentlich?«
»Sechzehn, gnädige Frau.«
»Musst du nicht in die Schule?«
»Nach Zwolle fahren keine Züge mehr. Und mein Rad ist leider nicht gut genug in Schuss, um ...«
»Verstehe, deshalb hast du dich nun auf den Transport von Bäuerinnen verlegt. Etwa per Rad?«
»Nein. Ich hoffe, dass mir Bauer Coenen ein Pferd mit Karren leihen kann.«
»Und wenn nicht?«
Michiel schwieg. Was hätte er auch sagen sollen?
»Warum gehen deine Bäuerinnen denn nicht einfach über die Brücke?«

»Die Fähre ist ihnen lieber«, antwortete Michiel zögerlich. Damit gab er sein Geheimnis nicht preis und wahrte zugleich die Höflichkeit der Baronin gegenüber.
»Und warum ausgerechnet zwischen drei und halb vier?«
»Ich habe gehört, dass dann Teezeit ist. Vielleicht können die beiden ja an Bord eine Tasse trinken.«
»Wer sind die Frauen?«
»Sie heißen ... äh ... Bartels, ja genau: Bartels. Frau Bartels und ihre Tochter Aartje.«
»Und warum musst du sie begleiten?«
»Weil sie sich in unserer Gegend nicht gut auskennen. Außerdem fängt ihr Name mit B an und meiner auch, da hilft man einander gern.«
»Mir scheint, junger Mann, du willst dir einen Spaß mit mir erlauben!«
»Aber nein, gnädige Frau, wie könnte ich?«
Ein flüchtiges Lächeln glitt über das markante Gesicht der Baronin.
»Komm heute Nachmittag um halb zwei zur Remise. Dort steht eine Kutsche, ein Tilbury, mit meinem Pferd Cäsar bereit. Du kannst doch hoffentlich mit Pferden umgehen, oder? Um fünf nach drei legt die Fähre ab. Ich verlange, dass Pferd und Wagen um Punkt sieben wieder da sind, mein Cäsar ist mir nämlich lieb und teuer.«
»Gnädige Frau, ich bin sprachlos, das ist ja ...«
Die hochgewachsene Dame erhob sich zum Zeichen, dass das Gespräch beendet war. Mit würdevollem Nicken brach sie Michiels gestammelte Dankesworte ab. Rasch verließ er den Raum und konnte sich nicht genug über diese eigenartige Frau wundern.

Jitzchak Kleerkoper und sein Sohn David rasierten sich sorgfältig und bestäubten dann die dunklen Bartschatten mit Puder. Frau van Beusekom hatte in der Nachbarschaft zwei Trachtenkleider bei einer Bäuerin besorgt, mit der sie gut bekannt war, und Erica nahm in aller Eile noch ein paar Änderungen daran vor. Die gestärkten weißen Hauben verliehen den beiden Männern zwar etwas Weibliches, dennoch boten sie einen urkomischen Anblick, wie sie da in Veluwer Bauerntracht einander gegenüber saßen.

»Bitte fangen!«, rief Frau van Beusekom plötzlich und warf Herrn Kleerkoper einen Apfel zu. Dieser schlug die Knie zusammen, wie Hosen tragende Männer es machen, um im Sitzen etwas aufzufangen.

»Falsch.« Frau van Beusekom lächelte. »Frauen in langen weiten Kleidern öffnen die Knie und benutzen den Rock als Fangtuch.«

»Als Frau kriegst du schlechte Noten, Vater«, meinte David lachend.

»Stimmt.« Herr Kleerkoper machte eine gespielt verzweifelte Miene. »Mal sehen, ob du besser bist.« Und er warf seinem Sohn eine selbstgedrehte Zigarette aus Eigenbautabak zu. Geistesgegenwärtig fing David sie im Rock auf.

»Bevor du jetzt vor Stolz platzt, möchte ich erst mal sehen, wie du als Frau ein Streichholz anreißt«, sagte sein Vater.

»Oh, damit kenne ich mich aus! Männer ziehen das Streichholz zum Körper hin, den Mittelfinger gleich hinter dem Kopf, schau mal – so. Frauen dagegen halten das Hölzchen weiter hinten und ziehen es vom Körper weg.« Auf eine Art, die er für weiblich hielt, riss er das Streichholz an, hielt es an die Zigarette und inhalierte. Dann sah er sich triumphierend um.

»Ich bin schwer beeindruckt«, sagte Herr Kleerkoper. »Nur habe ich noch nie eine Bäuerin Zigaretten rauchen sehen.«
»Mein Vater muss immer das letzte Wort haben!« David lachte los, die anderen stimmten ein.
»Am besten vereinbaren wir, dass Sie beide unterwegs kein Wort sagen, wenn Leute in Hörweite sind«, sagte Michiel. »Nicht nur wegen der tiefen Stimmen, sondern auch, weil Sie den hiesigen Dialekt nicht sprechen. Ich muss übrigens erst um sieben wieder zurück sein, also kann ich sie noch ein Stückweit fahren. Wohin wollen Sie genau, oder behalten Sie das lieber für sich?«
»Die de Groots wohnen in Den Hulst.«
»Das liegt ungefähr zwanzig Kilometer hinter Zwolle«, sagte Michiel. »Bis dorthin werden wir es nicht ganz schaffen, aber« – er überschlug rasch Strecke und Zeit im Kopf – »wenn Sie die letzten sieben Kilometer zu Fuß gehen, sind Sie ohne Probleme vor acht am Ziel.«
»Sollten wir dann nicht besser gleich aufbrechen«, schlug David vor.
»Nein, wir nehmen die Fähre um fünf nach drei.«
»Gibt es keine frühere?«
»Doch, aber nur die Fahrt um fünf nach drei ist sicher. Den Grund sage ich Ihnen gern mal nach dem Krieg.«
»Wir verlassen uns auf dich«, meinte Herr Kleerkoper.

Um Punkt halb zwei war Michiel an der Remise des herrschaftlichen Anwesens an der Ijssel. Der Tilbury stand parat, und der schwarze Cäsar hieb bereits ungeduldig mit dem Vorderhuf Funken aus dem Pflaster des Hofs.
Michiel war ein wenig nervös, aber kaum hatte er die Zügel ergriffen, erfasste ihn ein gewisser Übermut. Das Pferd lief in

gestrecktem Trab den Weg entlang, reagierte auf jede kleinste Bewegung der Zügel und machte ganz den Eindruck, als könne man mit ihm ohne besonderes Training ein Trabrennen gewinnen.

Wenn Michiel Bauern bei der Landarbeit half, hatte er schon öfter Pferde gelenkt, allerdings immer sehr langsam, weil die Tiere schwer beladene Karren zogen. Umso mehr genoss er nun die rasende Fahrt.

Und als später seine beiden ›Bäuerinnen‹ im Wagen saßen, fühlte er sich wie ein Held, wie ein römischer Wagenlenker. Dass das scharfe Tempo Herrn Kleerkoper so ängstigte, dass er sich an der Sitzbank festkrallte, kümmerte ihn wenig, und als David bewundernd meinte, Michiel sei der geborene Pferdelenker, ging ihm das runter wie Honig.

Leider währte das Vergnügen nur kurz, denn auf der Straße zur Fähre sah Michiel in einiger Entfernung Schafter. Er ging zu Fuß, und als das Gefährt dicht hinter ihm war, hob er die Hand zum Zeichen, dass er mitgenommen werden wollte.

Michiel mussten binnen Sekundenbruchteilen entscheiden. Schafter mit seinen neugierigen Fragen neben ihm auf dem Bock – nein, das konnte er nicht riskieren! Deshalb tat er, als hätte er ihn nicht gesehen, nahm aber aus dem Augenwinkel wahr, dass Schafter einen verwunderten Blick auf seine Passagiere warf. Bestimmt würde er sich jetzt den Kopf zerbrechen, wer die beiden Frauen sein mochten, zumal er doch wirklich jeden in der Gegend kannte. Und ebenso gern wollte er sicherlich wissen, wohin Michiel die beiden brachte. Zur Fähre, keine Frage – die Straße führte schließlich direkt dorthin, und Schafter war nicht auf den Kopf gefallen. *Aber zu Fuß,* dachte Michiel, *schafft er es auf keinen Fall bis zur Abfahrt um fünf nach*

drei, also ist es nicht weiter schlimm, und falls er mich später darauf anspricht, binde ich ihm eben einen Bären auf.
An der Anlegestelle war weit und breit kein Soldat zu sehen, und die Fähre fuhr pünktlich ab. Michiel erkundigte sich bei van Dijk, ob es gegen halb sieben eine Fahrt zurück ans andere Ufer gebe, was dieser bejahte.
»Der Rappe, das ist doch der vonner Baronin, nich?«, sagte der Fährmann.
Michiel nickte und rechnete mit weiteren Fragen, aber van Dijk zog es vor, zu schweigen.
Auch jenseits der Ijssel lief alles glatt. Sie waren eine gute Stunde lang zügig gefahren, als Michiel sagte:»Ich würde jetzt gern umkehren, damit ich ein wenig Spielraum habe. Außerdem wird es Cäsar recht sein, wenn's zur Abwechslung mal etwas langsamer geht. Glauben Sie, von hier aus finden Sie den Weg?«
»Das wird schon klappen.« Herr Kleerkoper und sein Sohn stiegen aus und gaben Michiel die Hand.
»Gott wird's dir lohnen«, sagte Herr Kleerkoper – genau wie der alte Mann mit dem gebrochenen Rad vor ein paar Wochen.
»Jetzt, wo du uns abgeladen hast, bist du nicht mehr in Gefahr«, meinte David noch. »Ich hoffe, wir sehen uns irgendwann wieder. Lebwohl.«
Michiel wendete den Tilbury. Auch er war der Überzeugung, auf dem Rückweg könne nichts passieren ...

Er war ungefähr zwanzig Minuten gefahren, als er auf einem Seitenweg ein Gespann sah. Ein Pferd zog einen Bauernwagen, wie man ihn zum Transport von Heu oder Getreide benutzte, allerdings saßen mehrere bewaffnete Soldaten darauf, und hinten an den Wagen waren vier Pferde gebunden. Michiel wusste, was das bedeutete: Pferderazzia – die Männer waren unterwegs, um Pferde zu konfiszieren.

Als das Gespann etwa fünfzig Meter hinter Michiel in die Straße einbog, hatte er Cäsar bereits die Peitsche gegeben. Zum Glück hatte das Pferd noch Energie und schoss pfeilschnell los.

»Anhalten!«, tönte es hinter ihm.

Michiel wandte sich kurz um und sah, dass auch der andere Fuhrmann die Peitsche knallen ließ.

Sollte er anhalten? Dann könnte er das Pferd der Baronin vergessen. Sie würde bestenfalls eine Bescheinigung erhalten, auf der vermerkt war, dass sie beim Deutschen Reich ein Pferd guthatte – ein wertloses Stück Papier. Außerdem würden die Soldaten garantiert wissen wollen, was er in dieser Gegend zu suchen hatte. Michiel spürte, wie sich sein Magen vor Nervosität zusammenzog, aber zugleich nahm sein Gesicht einen grimmig-entschlossenen Zug an, wie nach dem Begräbnis seines Vaters.

»Vorwärts, Cäsar!«

Wieder laute Rufe hinter ihm.

Die Verfolger merkten offenbar, dass er dabei war, sie abzuhängen. Ihr Fuchs konnte mit dem feurigen Rappen nicht mithalten, was für sie einen noch größeren Anreiz bedeutete, ihn haben zu wollen.

Einer der Soldaten gab einen Warnschuss in die Luft ab. Michiel erschrak, denn er hatte noch längst nicht genug Vorsprung, um außer Reichweite ihrer Kugeln zu sein. Ein Stück vor ihm zweigte ein Feldweg links ab. Michiel lenkte das galoppierende Pferd mit einem kräftigen Ruck am Zügel hinein, sodass der Tilbury fast kippte.

Der Weg führte zu einem Waldstück, und den Spuren nach zu urteilen, waren hier öfter Pferdefuhrwerke unterwegs. Im Wald bog Michiel nach links ab, kurz darauf nach rechts. Ob er die Soldaten so loswurde?

Plötzlich wurde ihm klar, woher die Karrenspuren stammten, denn er sah zwei Bauern, die Holz schlugen. Noch immer hörte er das Rufen der Soldaten, aber zu sehen waren sie nicht mehr. Michiel bog nach links in einen anderen Waldweg ein und stellte zu seinem Schrecken fest, dass dieser plötzlich vor einem Dickicht endete und er nicht wenden konnte. »Brrr, Cäsar!« Michiel sprang vom Bock, band das Pferd an einen Baum und schlug sich ins Unterholz. Wenn sie ihn hier zu fassen bekämen, sähe es nicht gut für ihn aus. Er entdeckte einen Trampelpfad und folgte ihm ein Stück, bis er Stimmen hörte. *Wenn die Bauern vertrauenswürdig sind,* dachte er, *kann ich sie vielleicht bitten, mich zu verstecken.* Aber wie sollte er das auf die Schnelle herausfinden? Michiel entschloss sich, vorsichtig näher an sie heranzuschleichen. Und tatsächlich war seine Vorsicht mehr als angebracht, denn die Stimmen, die er jetzt hörte, waren die seiner Verfolger. Sie redeten auf die Bauern ein, die die für die Gegend typischen blauen Mützen trugen und bedächtig ihren Tabak kauten. Sie ließen sich Zeit mit dem Antworten, spuckten einen Strahl Tabaksaft aus, kratzten sich am Kopf, starrten Löcher in die Luft und taten verständnislos – kurzum: Sie vermittelten den aufgebrachten Soldaten den Eindruck, sie hätten nicht mehr Verstand als ihre Schweine zu Hause im Stall.

»Habt ihr ihn nun gesehen oder nicht?«, fuhr einer der Deutschen sie an.

»Da ist doch vorhin 'n schwattes Peerd lang gekomm', nich, Driekus?«, sagte der eine schließlich.

»Jawollja, 'n schwattes Peerd«, bestätigte der andere. »Und mitten Karren meinen der Herr vielleicht 'n Tilbury?«
»Was weiß denn ich!«, rief der Soldat und stampfte wütend auf. »Nun sagt schon, wohin ist der Kerl gefahren?«
»Ach, *dat* wolln Se wissen. Da rechts isser rüber.« Und er deutete in die Richtung, aus der Michiel gekommen war.
Die Soldaten musterten ihn misstrauisch.
Der Bauer lächelte treuherzig wie ein kleiner Junge.
»Jawollja«, sagte Driekus. »Da rüber.«
»Danke! Vorwärts, Leute!«
Michiel lief zu Cäsar, führte ihn langsam und beschwerlich rückwärts den Weg entlang, stieg dann auf den Bock und fuhr los. Als er sich den beiden Bauern näherte, hielt er kurz an.
»In die falsche Richtung geschickt, was?«, rief er.
Die beiden grinsten, der eine hob den Daumen und wies über die Schulter dorthin, wo Michiels Verfolger verschwunden waren.
»Hinterm schwatten Peerd sind die her«, brummte er.
»Danke.«
»Moin.«
Ein paar Minuten später war Michiel wieder an der asphaltierten Straße und bog zur Fähre ab. Er schaffte es gerade noch vor halb sieben. Van Dijk setzte ihn über, und er lieferte Pferd und Wagen beim Hausknecht der Baronin ab. Gern hätte er sich noch rasch bei ihr bedankt, aber sie zeigte sich nicht. Dann fuhr er, so schnell er konnte, mit dem Rad nach Hause.
Als er durch den Vorgarten ging, meinte er zu sehen, wie seine Mutter rasch vom Fenster wegtrat. Bestimmt hatte sie sich große Sorgen gemacht, wollte aber nicht, dass er es mitbekam, denn als er sie in der Küche traf, fragte sie nur mit ruhiger Stimme, ob alles gutgegangen sei.

»Bestens«, sagte Michiel. »Nur auf dem Rückweg gab's Schwierigkeiten, weil unsere Freunde das Pferd haben wollten. Sogar geschossen haben sie, aber nur in die Luft.« Als seine Mutter blass wurde, fügte er rasch hinzu: »Es war ein Kinderspiel, sie abzuhängen. Dieser Cäsar ist ein Prachtpferd.«
»Schön.« Seine Mutter hatte sichtlich Mühe, sich den Schreck nicht anmerken zu lassen. »Dann mache ich dir jetzt was zu essen.« Und im Vorbeigehen drückte sie ihm einen schnellen Kuss auf den Hinterkopf.

Kurz vor acht tauchte Onkel Ben auf. Er war wochenlang unterwegs gewesen und wusste noch nicht, was mit Michiels Vater geschehen war. Als er davon hörte, war er völlig erschüttert.
»Wär ich nur da gewesen«, stammelte er. »Vielleicht hätte ich es verhindern können.«
»Wie denn?«, fragte Michiel.
»Die Kaserne überfallen oder ... ach was, dummes Zeug. Du hast schon recht: Ich hätte wohl nichts ausrichten können. Weiß man denn inzwischen, wer den Soldaten im Wald getötet hat?«
»Nein. Und jetzt, wo fünf unschuldige Bürger dran glauben mussten, wird der Täter sich erst recht nicht mehr stellen.«
»Entsetzlich ...« Onkel Ben stöhnte und vergrub das Gesicht in den Händen. Um ihn ein wenig aufzumuntern, berichtete Michiel von der gelungenen Flucht der Kleerkopers, wie er sie über die Ijssel gebracht und auf dem Rückweg seinen Verfolgern ein Schnippchen geschlagen hatte.
Onkel Ben schlug ihm so kräftig auf die Schulter, dass er schmerzhaft das Gesicht verzog.
»Gute Arbeit, mein Junge«, sagte er. »Wenn der Krieg noch ein Jahr dauert, kannst du beim Widerstand mitmachen.«

Michiel musste sich zusammennehmen, um nicht zu sagen, dass er schon längst bis über beide Ohren in Heimlichkeiten verstrickt war.

Mitten in der Nacht wurde Michiel wach, weil Rinus de Raat zwei, drei Mal im Tiefflug über das Haus hinwegraste. Das unheimliche Dröhnen ließ ihm das Blut in den Adern stocken, sein Herz setzte ein paar Schläge aus.
Rinus de Raat war der Sohn des Dorfschuhmachers. Gleich zu Anfang des Kriegs hatte er sich nach England abgesetzt, und sein Vater erzählte, er sei dort Pilot geworden und fliege eine Spitfire. Deshalb grinste jeder, wenn so ein Flugzeug über de Vlank auftauchte, und sagte: »Da ist wieder Rinus de Raat.«
Michiel konnte nicht mehr einschlafen, weil ihm die Begegnung mit Schafter wieder in den Sinn gekommen war. Was sollte er bloß sagen, wenn er ihn das nächste Mal traf? Denn dass der geradezu krankhaft neugierige Mensch alles haarklein würde wissen wollen, stand fest. Erst als Michiel sich eine halbwegs glaubwürdige Geschichte zurechtgelegt hatte, schlief er wieder ein.
Rinus de Raat war inzwischen längst wieder im befreiten Süden der Niederlande gelandet, wo die Alliierten seit dem Sommer stationiert waren.

Am nächsten Tag beschloss Michiel, wie zufällig an Schafters Haus vorbeizugehen. Vielleicht begegnete er ihm ja und konnte seine Geschichte anbringen.

Auf halbem Weg kam ihm Herr Postma entgegen. Im ersten Moment wollte Michiel sich abwenden, denn er war fest überzeugt, dass der Oberlehrer zur Widerstandgruppe in de Vlank gehörte, die seiner Ansicht nach die Schuld daran trug, dass sein Vater und die vier anderen Männer erschossen worden waren.

Postma hatte Michiels Zögern bemerkt und kam direkt auf ihn zu. Er hielt ihn am Anorakärmel fest: »Auf die Gefahr hin, dass ich zu viel sage: Ich versichere dir hoch und heilig, Michiel, dass der hiesige Widerstand nichts mit dem toten Soldaten im Wald zu tun hat.«

»Danke, Herr Postma«, murmelte Michiel beschämt.

»Und jetzt vergiss bitte wieder, was ich dir gesagt habe.«

»Geht in Ordnung.«

»Gut.«

Herr Postma ging seines Wegs und Michiel schlenderte zu Schafters Haus. Niemand zu sehen.

Nachdem er ein Stück weiter kehrtgemacht hatte und erneut am Haus vorbeiging, stand Schafter im Vorgarten und zupfte welke Blätter von einem Strauch.

»Tag, Herr Schafter.«

»Ach, du bist's, Michiel. Wolltest mich gestern nicht sehen, was?«

»Ich Sie nicht *sehen*? Wo denn?«

»Auf dem Weg zur Koppler Fähre. Du bist in voller Fahrt an mir vorbeigerauscht. Mit der Karosse von der Baronin, wenn ich mich nicht irre.«
»Stimmt, ich war mit ihrem Tilbury unterwegs.«
»Ich wär gern ein Stück mitgefahren, aber du hast mich nicht gesehen.«
»Tut mir leid, wirklich.«
»Ist nicht weiter schlimm. Ich musste zu Verheul, das ist ja nicht allzu weit. Aber hör mal, diese beiden Bäuerinnen ...« Schafter kam einen Schritt näher und senkte die Stimme zu einem Flüstern: »... diese beiden Bäuerinnen, wer waren die?«
»Schwestern von Aaltje, einem Dienstmädchen der Baronin«, sagte Michiel. »Sie kommen aus Uddel, das liegt bei Elspeet. Sie wollten zu einer Hochzeitsfeier in Zwolle. Die Baronin hat ihren Tilbury zur Verfügung gestellt, und da hat Aaltje mich gebeten, die beiden zu fahren.«
»Aha«, sagte Schafter. »Und Aaltje durfte wohl nicht zur Hochzeit, wie?«
»Doch, die ist auch dort.«
»Wie kommt's dann, dass ich sie heute Morgen hier im Dorf gesehen hab?«
Michiel lief rot an. »Wahrscheinlich ist sie ... äh ... ist sie plötzlich zurückgerufen worden«, stotterte er.
Schafter hob den Blick zu Himmel. »Die beiden Schwestern waren wohl nicht zufällig verkleidete Männer?«, fragte er dann wie beiläufig.
»Wie kommen Sie denn auf so was?«, sagte Michiel mit schlecht gespielter Entrüstung.
»Na ja, ich dachte nur. Das Gesicht der einen kam mir ziemlich kantig vor.«

»Ich muss weiter.«

»Du kannst ruhig offen mit mir reden«, sagte Schafter, »Ich weiß wohl, dass man mir nachsagt, ich würd's mit den Deutschen halten, aber das stimmt nicht. Ich muss nämlich auch ein paar Leute über den Fluss bringen, und wenn du einen heißen Tipp weißt, dann sag's mir. Kannst dich drauf verlassen, dass ich den Mund halte.«

Michiel lief ein Schauder über den Rücken. Dieser Schafter war vollkommen unverschämt.

»Ich weiß nicht, wovon Sie reden«, sagte er. »Und ich habe auch keine Tipps für Sie. Ich sollte zwei Frauen aus Uddel über den Fluss bringen, damit hat sich's. Außerdem habe ich keine Ahnung, was Sie das eigentlich angeht.«

Mit großen Schritten ging er davon, ärgerlich auf sich selbst, weil es Schafter gelungen war, ihn in die Enge zu treiben. Womöglich hatte er die Sache nun grandios vergeigt.

Noch am gleichen Tag wurde Fährmann van Dijk verhaftet, und ein Fremder nahm seine Stelle ein. Die Baronin bekam Hausarrest auferlegt. Bis geklärt war, welche Rolle sie bei den heimlichen Überfahrten gespielt hatte, durfte sie ihr Anwesen nicht verlassen.

Ob und wie die Soldaten bestraft wurden, die die Fähre zu bewachen hatten, erfuhr man nicht, zumal es im Laufe der Monate ziemlich viele gewesen waren, die sich von der Baronin hatten hereinlegen lassen. Der Unteroffizier, der die letzte Wachmannschaft befehligt hatte, wurde im Rang herabgestuft, das zumindest sickerte durch.

Michiel machte sich die bittersten Vorwürfe und rechnete wieder damit, demnächst zum Verhör abgeholt zu werden, denn

die Deutschen würden garantiert wissen wollen, wohin er die beiden »Frauen« gebracht hatte. Wieder prüfte er genau, ob die Luft rein war, bevor er abends das Haus betrat. Wieder verschlug es ihm den Appetit, und er musste vor lauter Nervosität alle zehn Minuten auf die Toilette. Und wieder geschah nichts. Niemand fragte nach ihm, niemand interessierte sich für ihn.
Hatte Schafter seinen Namen nicht genannt? Hegte er Sympathie für ihn und wollte ihn deshalb schützen? Nein, Letzteres war eher unwahrscheinlich, weil Michiel nie sonderlich nett zu ihm gewesen war. Mehr denn je hoffte er, die Alliierten würden schneller vorankommen und endlich auch den Norden der Niederlande befreien.

Acht Tage später waren die Ermittlungen abgeschlossen, und man hatte inzwischen herausgefunden, welche Rolle die Baronin gespielt hatte. Ein Unteroffizier mit zwei Soldaten kam, um sie festzunehmen.
Sie fanden Türen und Fenster verschlossen vor. Der Unteroffizier klingelte laut und anhaltend. Im ersten Stock wurde ein Fenster geöffnet und die Baronin beugte sich heraus.
»Schert euch fort!«
»Ich fordere Sie auf, die Tür zu öffnen. Wir müssen Sie verhaften«, sagte der Unteroffizier förmlich.
»Schert euch fort! Eine Weddik Wansfeld verhaftet man nicht!«
Der verunsicherte Mann wechselte die Taktik: »Frau Baronin, ich bitte Sie, mich und meine Leute zu begleiten. Der Kasernenkommandant möchte Sie sprechen.«
»Das klingt schon besser«, meinte die Baronin. »Aber meine Antwort lautet Nein. Wenn der Kommandant mich sprechen möchte, wird er sich hierherbemühen müssen.«

Der Unteroffizier verlegte sich aufs Bitten. »Seien Sie doch vernünftig, Frau Baronin, und kommen Sie ...« Bevor er den Satz zu Ende hatte, knallte das Fenster zu. Die Soldaten mussten wohl oder übel abziehen und Bericht erstatten.
Am Nachmittag erschien ein Offizier mit fünf Mann, die einen schweren Balken trugen. Wieder wurde geklingelt, und wieder tauchte die Baronin oben am Fenster auf.
»Wenn Sie nicht sofort öffnen, lasse ich die Tür einrammen!«, brüllte der vierschrötige Offizier.
»Tun Sie, was Sie nicht lassen können.«
Die Männer nahmen mit dem Balken Aufstellung und ließen ihn gegen die massive, eisenbeschlagene Haustür krachen. Sekunden später ertönte ein Schuss, dann der Aufschrei eines Soldaten – die Kugel hatte seinen Arm gestreift.
»Verflucht nochmal!«, zischte der Offizier, als er hinter der Balustrade des Balkons die Baronin mit einem Gewehr im Anschlag erspähte. »Das wird Sie teuer zu stehen kommen!«, schrie er ihr zu.
»Der erste Schuss war als Warnung gedacht«, sagte sie. »Das nächste Mal ziele ich auf den Kopf. Und zwar auf Ihren.«
»Das Weib ist wahnsinnig«, knurrte der Offizier. Es schien ihm sicherer, sich mit seinen Leuten in den Schutz der Bäume jenseits der Straße zurückzuziehen, denn dass es bei der Erstürmung der Villa Tote gab, wollte er auf keinen Fall riskieren. Außerdem hatte der Kommandant, der als Sohn eines Gutsverwalters großen Respekt vor dem Adel hatte, ihm aufgetragen, die Baronin zuvorkommend zu behandeln.
Eine Weile überlegte er, ob sie Handgranaten werfen wollten, kam aber wieder davon ab und beschloss zähneknirschend, den unrühmlichen Rückzug anzutreten.

Den Rest des Tages blieb es ruhig, doch am nächsten Vormittag um halb elf erschien der Kasernenkommandant persönlich. Er klingelte höflich und die Baronin erschien, wie inzwischen gewohnt, an einem der Fenster im ersten Stock.

»Frau Baronin«, begann er, »wären Sie wohl bereit, mich zu empfangen?«

»Durchaus. Vorausgesetzt, Sie legen Ihre Waffe ab.«

»Selbstverständlich.« Der Kommandant löste sein Koppel mit dem Pistolenhalfter. Kurz darauf hörte er, wie eine Kette klirrte und der Riegel zurückgeschoben wurde.

Die Tür ging auf und er trat ein.

Vor ihm stand die Baronin in einem gediegenen Kleid und hielt eine schwere Armeepistole auf ihn gerichtet. Sie bedeutete ihm weiterzugehen und legte dann sorgfältig den Riegel und sogar die Kette wieder vor.

»Eine interessante Waffe haben Sie da«, bemerkte der Kommandant gelassener, als er sich fühlte, zumal die Baronin ständig mit dem Abzug spielte.

»Mein seliger Mann hat bei den Husaren gedient«, erklärte sie. »Ich besitze auch noch ein Armeegewehr und eine doppelläufige Jagdflinte. Dazu ausreichend Munition.«

»Sie wissen sicherlich, dass auf Waffenbesitz die Todesstrafe steht?«, fragte der Kommandant.

»Das ist mir bekannt. Bitte, nehmen Sie Platz. Leider kann ich Ihnen nichts anbieten, weil mein Personal im Musikzimmer ist.«

»Im Musikzimmer?«

»Genau. Und meine anderen Mitbewohner ebenfalls. Allesamt Hasenfüße. Ich habe sie ins Musikzimmer geschickt und die Tür verriegelt.«

Die Baronin saß dem Kommandanten gegenüber, kerzengerade und den Lauf der Pistole auf sein Herz gerichtet.
Sie muss irre geworden sein, dachte er und zweifelte keinen Moment, dass sie abdrücken würde, sobald er auch nur den geringsten Versuch unternähme, ihr die Waffe abzunehmen.
»Frau Baronin, es ist Krieg«, versuchte er es erneut. »Ich bitte Sie, mich zu begleiten.«
»Wohin?«
»In die Kaserne.«
»Damit ich verurteilt und hingerichtet werde, nicht wahr?«, sagte die Baronin. »Gerade eben haben Sie gesagt, auf Waffenbesitz stehe die Todesstrafe. Außerdem habe ich mich gegen meine Verhaftung gewehrt und einen ihrer Männer angeschossen. Und die Geschichte mit der Fähre werden Sie mir wohl auch nicht einfach durchgehen lassen. Nein, mein Bester, ich lasse mich nicht festnehmen, auch nicht von einem Vertreter des Herrenvolks.«
Allmählich verlor der Kommandant die Geduld.
»Geben Sie mir die Pistole, gnädige Frau.«
Als Antwort spannte die Baronin den Hahn.
»Dann bin ich gezwungen, Sie mit Gewalt aus Ihrem Haus holen zu lassen.«
»Sehr interessant. Und warum haben Sie das nicht schon gestern getan?«
»Das ist meine Sache.«
Die Baronin erhob sich zum Zeichen, dass sie das Gespräch als beendet ansah.
Wütend stampfte der Kommandant durch den Flur zur Haustür. *Wenn sie den Riegel zurückschiebt*, dachte er, *schlage ich ihr die Pistole aus der Hand*. Aber dazu bekam er keine Gelegen-

heit, denn die Baronin bedeutete ihm mit einem Kopfnicken, er selbst solle den Riegel öffnen und die Kette lösen.
»Sie begehen einen großen Fehler, Frau Baronin«, sagte er.
»Verglichen mit den Verbrechen des Dritten Reichs kann man kaum nennenswerte Fehler machen.«
Mit diesen Worten schloss sie die Tür hinter ihm.

Am nächsten Morgen fuhr ein Panzer vor der Villa an der Ijssel vor. Der Kommandant hatte die ganze Nacht lang gegrübelt und meinte nun, eine Lösung gefunden zu haben, die einer Baronin – und insbesondere dieser – angemessen war.
Er streckte den Oberkörper aus der Kuppel und rief laut: »Frau Baronin!«
Sie erschien oben am Fenster.
»Ergeben Sie sich?«
»Einen Augenblick«, sagte sie.
Kurz darauf öffnete sich eine Seitentür, und sämtliche Hausbewohner kamen im Gänsemarsch heraus: die Dienstmädchen, der Hausknecht, die Nichten, der Schwager, der Schwiegersohn und als Letzte die Tochter.
»Bitte, Mutter. Komm mit«, flehte sie.
»Damit diese Unmenschen mich morgen früh um sechs auf ihrem Kasernenhof erschießen? Nein, ich lasse mich nicht gefangen nehmen, und außerdem habe ich meinen Stolz.«
Schluchzend folgte die Tochter den anderen.
Die Baronin machte die Tür zu und verschloss sie sorgfältig. Minuten später trat sie wieder mit dem Gewehr in der Hand auf den Balkon.
»Herr Kommandant!«
»Ich höre, Frau Baronin.«

»Nehmen Sie bitte zur Kenntnis, dass meine Mitbewohner nichts über die Sache mit der Fähre wissen. Keiner von ihnen hat je mit Ihren Leuten auch nur ein Wort gewechselt. Ich bin verantwortlich, ich allein.«

»Ich nehme es zur Kenntnis«, sagte der Kommandant. »Und jetzt ergeben Sie sich.«

Die Baronin hob das Gewehr und schoss knapp an seinem Kopf vorbei.

Hastig tauchte er ab und schloss die Kuppel.

Die Baronin begab sich gemessenen Schritts in den Salon, an dessen Wänden die Porträts ihrer Vorfahren hingen.

»Feuer!«, befahl der Kommandant.

Der Panzer nahm die Villa unter Beschuss. Zwanzig Granaten schlugen ein. Bald brannte das Haus lichterloh und die Wände begannen einzustürzen.

Erst als der Kommandant sicher war, dass die Baronin das Inferno nicht überlebt haben konnte, ordnete er den Rückzug an. Kaum war der Panzer verschwunden, eilten die Mitbewohner und etliche Nachbarn, die das Geschehen mit Bestürzung verfolgt hatten, herbei um zu löschen.

Nach einer Stunde war es so weit, dass sie sich zwischen die geschwärzten Mauerreste voller Einschusslöcher wagen konnten. Unter einem Haufen Trümmer fanden sie die kaum vom Feuer versehrte Leiche der Louise Adelheid Mathilde Magdalene Baronin Weddik Wansfeld. Sie trug eine orangefarbene Schärpe um die Brust, und ihr Gesicht hatte noch im Tod den unbeugsamen Zug, der dem Kommandanten, hätte er sie so gesehen, klargemacht hätte, dass Deutschland den Krieg verlieren würde.

Der kürzeste Tag des Jahres brach an, der 21. Dezember. Dann wurde es Weihnachten, und den düsteren Feiertagen folgte ein trübseliges Silvester, an dem die Menschen sich fragten, ob das Jahr 1945 endlich den ersehnten Frieden bringen würde.
Der kalte Januar zog sich hin, das Heizmaterial und die Lebensmittel waren knapper denn je. Im Westen der Niederlande nahm der Hunger erschreckende Ausmaße an. Viele Städter hatten von Hungerödemen aufgetriebene Bäuche, nicht wenige starben. Wer noch Kraft hatte, machte sich auf den Weg in den Osten und Norden des Landes, um dort Essbares aufzutreiben und nach Hause zu schaffen, zu den kleinen Kindern und den Alten. Der Strom der Verzweifelten wurde immer breiter und kam immer langsamer voran, weil die Menschen vollkommen erschöpft waren.
Zugleich wurden die Besatzer nervöser und daher grausamer, denn um den erhofften Sieg stand es schlecht. An der Ostfront hatten sie durch die aufrückenden russischen Truppen schwere Verluste erlitten, und ihre Stellungen im Süden hatten sie bereits aufgeben müssen. Im Westen hatte das Heer der Alliierten Frankreich, Belgien und den südlichen Teil der Niederlande befreit und stieß nun in Richtung Osten nach Deutschland vor. Kein vernünftiger Mensch zweifelte noch daran, dass die Deutschen den Krieg bald verlieren würden.
Aber was dann? Würden die Alliierten in ihrem Land ebenso hausen, wie *sie* es in den Niederlanden, in Belgien, Frankreich,

Norwegen, Dänemark, der Tschechoslowakei, den Balkanländern, Nordafrika, dem Nahen Osten und vor allem in Polen und Russland getan hatten? Was stand ihnen bevor, wenn die Konzentrationslager entdeckt würden, die Vernichtungslager, in denen Millionen Unschuldige, die sie wie Schädlinge behandelt hatten, den Tod gefunden hatten? Was war noch übrig von dem einst so stolzen Deutschland mit seinem schlagkräftigen Heer und dem angeblich unbesiegbaren Führer Adolf Hitler? Er propagierte zwar weiterhin den Endsieg und sprach von Geheimwaffen und der Überlegenheit der arischen Rasse, aber auch im eigenen Land glaubten ihm immer weniger Leute. Unter den Militärs wuchs die Verbitterung, und in den Gegenden, in denen sie sich noch behaupten konnten, knallten die Salven der Hinrichtungskommandos.

Erica hatte bereits vor einiger Zeit den Gips von Jacks Bein entfernt. Ihr wäre es lieber gewesen, wenn der Arzt es gemacht hätte, der ihn anfangs behandelt hatte, aber Jack kannte seinen Namen nicht; den wusste nur Dirk, und der saß in Amersfoort im Gefängnis, wie seine Eltern inzwischen erfahren hatten.
Erica fürchtete, das Bein könnte nicht gut verheilt sein, denn die Bruchstelle wies einen dicken Knubbel auf. Vielleicht war das ja normal, dennoch hatte sie den Eindruck, der Knochen sei schief zusammengewachsen. Außerdem schmerzte das Bein beim Auftreten, als Jack die ersten Gehversuche unternahm. Er übte trotzdem täglich, und nach einer Weile konnte er wieder ganz passabel gehen, wenngleich ein Sieg beim Hundertmeterlauf in nächster Zeit nicht drin sein würde. Auch seine Schulter bereitete ihm noch Probleme, obwohl die Entzündung dank Ericas Umsicht zurückgegangen war. Sie erneuerte

den Verband regelmäßig und säuberte jedes Mal gewissenhaft die Wunde, doch sie wollte sich nicht schließen.

»Kein Wunder bei der Klinik hier«, meinte die angehende Krankenschwester mit düsterer Miene. »Mit einem Haufen welkem Laub als Bett, einer Nagelschere und einem Kartoffelschälmesser als Instrumente, ganz zu schweigen von der dürftigen Kost ohne frisches Obst und Gemüse, nie eine warme Mahlzeit, nur kalte Kartoffeln ...«

»Aber Kartoffeln sind mit Liebe gekocht«, warf Jack ein.

»Das stimmt allerdings.« Erica lächelte, streichelte Jacks stoppelige Wange und fuhr dann fort: »Und zu trinken nur kalter Tee und ab und zu Milch.«

»Ich gebe zu, ein Glas Whisky nicht wäre schlecht«, meinte Jack, der inzwischen ziemlich gut Niederländisch sprach, wenn auch mit schwerem Akzent.

»Dazu ist es kalt und feucht hier, und wie soll die Rehabilitation ...«

»Was?«

»Die Rehabilitation. Du bräuchtest jemanden, der mit dir Übungen macht und das Gehen über längere Strecken trainiert. Hier hast du gerade mal vier Quadratmeter, auf denen auch noch Laubbett, Tisch und Stuhl untergebracht sind. Und kein Arzt weit und breit.«

»Beste Arzt bist du«, sagte Jack liebevoll.

»Wie soll ich dich unter diesen Umständen nur gesund bekommen?«

»Du musst denken: Wenn ich bin gesund, ich muss sehen, dass ich komme schnell nach England«, sagte Jack. »So ist Vorschrift. Das du findest nicht gut, oder? Ich weiß, ich bin eine Last für dich, aber ...«

»Niemals, Liebster«, sagte Erica und äußerte keine weiteren Einwände gegen Jacks langsame Genesung.

Michiel schlug sich indessen mit schweren Schuldgefühlen herum; der Tod der Baronin Weddik Wansfeld hatte ihn tief schockiert.
Er war zu ihrem Begräbnis gegangen. Gut tausend Trauergäste hatten sich eingefunden, um ihr die letzte Ehre zu erweisen, ihrer Standhaftigkeit Bewunderung zu zollen und damit den Deutschen zu verstehen zu geben, dass sie sich nicht unterkriegen lassen würden.
Der Kasernenkommandant hatte zum Zeichen seiner Hochachtung vor der Baronin einen Kranz geschickt, was man wohlwollend zur Kenntnis nahm.
Niemand von all den Leuten ahnt, dass ich allein schuld bin, hatte Michiel auf dem Friedhof gedacht. Nicht einmal der Pfarrer, der den Mut hatte, in seiner Grabrede deutliche Worte zu sprechen. Und auch nicht die Baronesse Weddik Wansfeld, die Blumen auf den Sarg ihrer Mutter legte. Auch nicht jener Unbekannte, der ein Gesteck mit orangefarbener Schleife und der Aufschrift: »Es lebe die Königin« geschickt hatte.

Schlimmer noch als die Schuldgefühle war, dass Michiel nicht wusste, was er falsch gemacht hatte. Er hatte es schon nicht gewusst, als Bertus verhaftet worden war, und jetzt verhielt es sich wieder so.
Wo lag bloß der Fehler, was hätte er anders machen müssen? Wenn er noch einmal Juden über die Ijssel bringen müsste, würde ihm dann vielleicht eine bessere, eine sicherere Möglichkeit einfallen?

Egal was er tat, alles ging schief. Und jedes Mal mussten andere dafür büßen, bloß er selbst nicht. Dabei hatte er es doch wirklich nicht an Vorsicht mangeln lassen. Lag es daran, dass er einfach zu jung und dumm und der Verantwortung nicht gewachsen war? Fehlte nur noch, dass man demnächst Jack fand und auch das wieder seine Schuld war.

Michiel beschloss, sich künftig von illegalen Dingen möglichst fernzuhalten, denn so wie es aussah, war er schlicht unfähig. Nur seine wöchentlichen Besuche bei Jack behielt er bei, die übrigen Gänge übernahm Erica, und sie machte ihre Sache weit besser, als Michiel es ihr zugetraut hätte. Dabei hatte er geglaubt, seiner älteren Schwester haushoch überlegen zu sein. Von wegen. Ein Stümper war er! Jack allerdings ganz Ericas Fürsorge zu überlassen, das brachte er denn doch nicht über sich. Schließlich hatte Dirk *ihm* den Brief anvertraut, also war *er* verantwortlich.

So zermarterte Michiel sich das Hirn darüber, was er falsch gemacht haben könnte, und versuchte, noch vorsichtiger zu sein als sonst. Wenn er Schafter begegnete, wandte er jetzt demonstrativ den Blick ab, damit der hinterhältige Kerl merkte, dass ihm klar war, wer die Baronin verraten hatte. Er sollte ruhig wissen, was Michiel von ihm hielt, auch wenn er seinen Namen tausend Mal verschwiegen hatte. Und falls er glaubte, Michiel sei ihm dafür dankbar, irrte er sich gewaltig.

Der kleine Jochem war ein unternehmungslustiges Kind. Eines Tages, als Erica und Michiel nicht zu Hause waren und ihre Mutter in der Küche zu tun hatte, entschloss er sich, aufs Dach zu klettern. Der Weg führte durch Michiels Dachbodenzimmer, an sich verbotenes Terrain für Jochem, aber er war so fasziniert von seinem Plan, dass ihn das nicht weiter kümmerte. Im Zimmer des großen Bruders vergaß er kurzzeitig sein Vorhaben, weil dort lauter interessante Sachen herumlagen, beispielsweise die Muschelsammlung, ein ausrangierter Telefonapparat, ein aufgerolltes Elektrokabel und der aufgeschlagene Schulatlas. Jochem bestaunte die Muscheln und zerbrach versehentlich zwei davon, als er sie nacheinander in die Hand nahm, griff nach einem Bleistift und verlegte mit wichtiger Miene, als wäre er General Eisenhower, der Oberbefehlshaber der alliierten Streitkräfte, die Grenze zwischen Frankreich und Deutschland, und führte dann ein Telefonat mit sich selbst, das er mit der Mitteilung beendete, er werde jetzt gleich aufs Dach klettern. Dann stieg er auf Michiels Bett, öffnete das Kippfenster und kletterte ohne große Mühe hinaus.

Die Dachrinne zu seinen Füßen war voll mit grünem Glibberzeug und welkem Laub, sodass er sich am Fensterrahmen festhalten musste, um nicht auszurutschen. Die Aussicht war phantastisch: Von hier oben sahen die Nachbarhäuser ganz anders aus – sein Freund Joost würde Bauklötze staunen, wenn er ihm davon erzählte!

Auf dem Bauch liegend stützte er sich mit den Handflächen ab und schob sich so bis zur Hausecke. Von dort aus konnte er die fensterlose Seitenfront des Rathauses sehen, aber die war nicht sehr spannend. Also weiter zur nächsten Ecke.

So, jetzt hatte er die Straßenseite erreicht, wo es ihm weit besser gefiel. Er sah, wie der Bäcker den Blick hob und mit seinem Karren stehen blieb. Und da drüben kam Fräulein van de Ende aus ihrem Haus, schaute ebenfalls hoch und schlug die Hände überm Kopf zusammen. Weitere Leute gesellten sich zu den beiden.

Was haben die bloß alle?, dachte Jochem. *Gibt's denn vor dem Haus was Besonderes zu sehen?*
Er stemmte sich von den Ziegeln weg und beugte sich vor, um über den Dachrinnenrand zu spähen. Da erst wurde ihm bewusst, in was für einer schwindelnden Höhe er sich befand! Wenn er da runterfallen würde, wäre er bestimmt tot!
Jochem begriff jetzt auch, dass die Leute wegen ihm zusammengelaufen waren – eine Riesenangst packte ihn. Vorsichtig kniete er sich hin und hielt sich krampfhaft an der Dachrinne fest. Seine Unterlippe begann zu zittern, und zwei Minuten später weinte er zum Steinerweichen.

Frau van Beusekom war in der Küche beschäftigt und dachte mit Sorge an Erica und Michiel. In letzter Zeit hatte sie immer wieder das Gefühl, dass die beiden irgendwelche Heimlichkeiten hatten. Wie gern hätte sie mit ihrem Mann darüber gesprochen, auch über die Erziehung ihres Jüngsten, der noch so sehr der Führung bedurfte. Apropos Jochem, wo steckte der Junge eigentlich? Sie hatte ihn schon eine ganze Weile nicht mehr gehört.
Frau van Beusekom schaute in die Wohnstube, dann ging sie in den Garten, sah im Schuppen nach und öffnete, wieder im Haus, die Tür zum Keller.
»Jochem?«
Keine Antwort.
Sie war im Begriff, nach oben zu gehen, als es klingelte. Hastig band sie die Schürze ab und öffnete.
»Frau van Beusekom! Wissen Sie, dass Ihr Sohn auf dem Dach ist?«, fragte Fräulein van de Ende aufgeregt.
Sie stürzte ins Freie, wo inzwischen gut zwanzig Leute beisam-

menstanden, hob den Blick – und fasste sich mit beiden Händen ans Herz.
»Jochem!«, rief sie. »Bleib ganz ruhig, ich komm dich holen!«
Im nächsten Moment fragte sie sich, wie um Himmels willen sie das schaffen sollte. Ihr wurde ja schon mulmig, wenn es nur darum ging, über einen Gartenzaun zu steigen, und wenn sie auf einem Stuhl stand, bekam sie unweigerlich Höhenangst.
»An der Dachrinne ist schon eine Ewigkeit nichts mehr gemacht worden«, meinte ein Mann. »Die ist durch und durch morsch. Ich sag euch, die hält den Kleinen nicht mehr lange.«
»Maaaa-ma!«, plärrte Jochem.
»Vielleicht kommt man vom First aus an ihn ran«, sagte ein anderer. »Ein paar Mann müssten rauf und dann einen am Seil über die Ziegel runterlassen. Fragt sich bloß, wie man überhaupt aufs Dach kommen soll ...«
»Hinten am Haus ist ein Mansardenfenster«, sagte Frau van Beusekom schnell. »Haben Sie denn ein Seil?«
»Zu Hause«, sagte der Mann. »Ich könnte es holen.«
»Das dauert viel zu lange«, mischte sich jemand auf Deutsch ein. »Der Junge fällt bald runter, er kann ja kaum noch das Gleichgewicht halten.«
Es war ein Soldat, der sich jetzt direkt an Frau van Beusekom wandte. »Erlauben Sie, dass ich durch Ihre Wohnung gehe?«
»Aber selbstverständlich«, flüsterte sie verdattert.
Der Soldat lehnte sein Rad an den Gartenzaun und eilte ins Haus. Zwei, drei Stufen auf einmal nehmend, lief er die Treppe hinauf, stieg kaum eine Minute später durch das Mansardenfenster und ließ sich vorsichtig zur Dachrinne hinab. Als er sie mit den Füßen erreicht hatte, bog sie sich unter seinem Gewicht.

»Völlig hinüber«, murmelte er. »Alt und morsch.«
Er verlagerte sein Gewicht so weit wie möglich auf die Ziegel und schob sich seitwärts, den gleichen Weg wie zuvor Jochem. Als er die Vorderseite erreicht hatte, war es unten schwarz von Menschen. Ganz vorn stand Frau van Beusekom, die ihm erst nachgeeilt war, dann aber wieder kehrtgemacht hatte, weil sie ihr Kind vom Dachfenster aus ja nicht sehen konnte.
Als Jochem merkte, dass Hilfe nahte, hörte er zu weinen auf. Auf einmal ertönte ein Schreckensschrei aus der Menge. Der Soldat war mit dem linken Stiefel durch die Dachrinne gebrochen, und nur, weil er sich geistesgegenwärtig in voller Länge auf die Dachschräge warf, konnte er den Absturz verhindern.
Auch Jochem war fürchterlich erschrocken. Jetzt aber spürte er zu seiner Erleichterung eine starke Hand an seinem Arm und hörte, wie der Fremde ihn in gebrochenem Niederländisch aufforderte, mit ihm zusammen zum Dachfenster zurückzurobben.
Der Soldat schob Jochem sanft vor sich her, nun aber, wegen der kaputten Dachrinne, in die andere Richtung.
»Gleich kracht die ganze marode Chose runter«, murmelte der Mann, der schon vorher seine Zweifel geäußert hatte.
Frau van Beusekom hatte die Hand ans Herz gepresst und hielt den Atem an. »Lieber Gott, mach dass mein Junge heil runterkommt«, betete sie im Stillen. Es kam ihr wie eine Ewigkeit vor, bis die beiden sich zum Fenster vorgearbeitet hatten. Dort stellte der Soldat sich vorsichtig aufrecht hin und half Jochem empor, eine Hand auf die Ziegel gestützt.
Kurz darauf war der Junge drinnen, wo seine Mutter, die inzwischen wieder nach oben gelaufen war, ihn überglücklich in Empfang nahm.

Als auch der Soldat wieder im Zimmer war, reichte sie ihm die Hand.

»Ich weiß gar nicht, was ich sagen soll ...«, stammelte sie.

Der Mann lächelte nur, tätschelte Jochem die Wange und ging mit großen Schritten die Treppe hinab.

»Halt, warten Sie doch!« Frau van Beusekom eilte ihm nach, doch er war bereits im Freien und schwang sich auf sein Rad. Die Leute wichen zurück, sprachlos vor Staunen. Endlich sagte jemand: »Bravo!«, doch das hörte der Soldat nicht mehr, er war schon um die Straßenecke verschwunden.

»Wie bitte? Ein Deutscher?«, sagte Michiel völlig perplex. »Ein Mof?«

»Ja, ein deutscher Soldat. Einer von Hitlers Schergen, ein Feind unseres Volks.« Frau van Beusekoms bleichem Gesicht war die ausgestandene Angst noch anzusehen. Jochem hingegen war munter und vergnügt wie eh und je.

Michiel trat ins Freie und schaute am Haus hoch, zu der durchgebrochenen Dachrinne.

Kopfschüttelnd ging er wieder hinein.

»Mutter, warum musste ein Deutscher Jochem retten? Was haben denn die anderen Leute gemacht? Nur rumgestanden und geguckt? Und du selber?«

»Ich hätte das nie gekonnt, du weißt ja, dass ich beim Klettern keine Heldin bin. Und die Leute haben gemeinsam überlegt, aber sich im Grunde wohl nicht getraut. Du kannst dir nicht vorstellen, wie gefährlich das war. Hast du die Stelle gesehen, an der der Mann durch die Dachrinne gebrochen ist?«

»Hab ich. Und du meinst, das war wirklich gefährlich?«

»Es ist ein wahres Wunder, dass er nicht zu Tode gestürzt ist.«

Inzwischen war auch Erica nach Hause gekommen und bekam sofort alles brühwarm erzählt. Als Erstes nahm sie Jochem in die Arme und drückte ihn fest an sich. Dass ausgerechnet ein Deutscher ihn gerettet hatte, schien sie nicht weiter zu stören. Anders als Michiel, der es noch immer nicht fassen konnte.
»Aber warum?«, fragte er. »Warum hat er das gemacht?«
»Nun ja, weil er eben ein netter Mensch ist«, meinte Erica.
»Ein netter Mensch? Und warum ist er dann als Soldat hier?«
»Es gibt achtzig Millionen Deutsche, Michiel«, sagte Frau van Beusekom. »Und ob dir das nun passt oder nicht, darunter sind viele, die diesen Krieg nie wollten. Wir mögen die Deutschen nicht, du nicht und ich nicht und Erica auch nicht, aber diesem einen müssen wir dankbar sein, wie man es auch dreht und wendet. *Ich* jedenfalls bin ihm dankbar.«
»Vielleicht hat er ja zu dem Hinrichtungskommando gehört«, sagte Michiel halsstarrig.
»Das glaube ich nicht. Und selbst wenn ... nein, das glaube ich einfach nicht.«
»In ein Hinrichtungskommando muss man nicht, wenn man nicht will«, sagte Erica.
Michiel schwieg. Es war einfach, sämtliche Deutschen über einen Kamm zu scheren, aber sehr viel schwerer, sich einzugestehen, dass dieser Soldat mehr Courage bewiesen hatte, als alle ihre Nachbarn zusammen. Sein Blick fiel auf den weißblonden Schopf seines kleinen Bruders. Nicht auszudenken, wenn er zehn Meter tief aufs Pflaster gefallen wäre ...
»Na gut, dann ist dieser eine Soldat eben eine Ausnahme«, brummte er. »Aber die anderen neunundsiebzig Millionen neunhundertneunundneunzigtausendneunhundertneunundneunzig sind und bleiben Mörder.«

»Vermutlich ein paar weniger«, meinte seine Mutter. »Aber egal, du wirst es schon noch irgendwann einsehen. Komm, Jochem. Bettzeit!«
»Ich geh nicht mehr allein aufs Dach«, sagte der Kleine. »Nur noch, wenn der nette Mann mitkommt.«

Eines Mittwochnachmittags traf Michiel Vorbereitungen für einen Besuch bei Jack. Er hatte ein paar belegte Brote, zwei Äpfel, eine Flasche Milch, einen Rest gekochte braune Bohnen und ein Stück Schinken in den Rucksack gepackt und verstaute ihn nun in der Packtasche am Rad.

Keine schlechte Ausbeute, dachte er, als er in Richtung Dagdaler Wald fuhr. Dort angekommen, bog er nicht gleich nach links in den Weg zur Schonung ein, denn er hatte gemerkt, dass jemand hinter ihm war. Stattdessen bog er rechts ab und fuhr ein paar hundert Meter weiter. Dann wendete er und fuhr wieder zurück. Wie immer versteckte er sein Rad im Gebüsch und ging das letzte Stück zu Fuß. Ungesehen erreichte er das nordöstliche Karree und ließ sich auf alle viere nieder, um durchs Dickicht zu kriechen.

Jack hatte ihn gehört, obwohl er im Schleichen mittlerweile recht geübt war, und wartete vor der Höhle.

»Nicht erschrecken«, sagte er. »Wir haben Besuch.«

Michiel erschrak trotzdem.

Erica kann es nicht sein, überlegte er rasch, *denn die war zu Hause, als ich vorhin aufgebrochen bin.*

»Wer ist denn da?«

»Guck selber.«

Michiel betrat die Höhle und sah, dass jemand auf dem Behelfsbett lag. Erst als seine Augen sich an die Dunkelheit gewöhnt hatten, erkannte er ihn.

»Dirk!«

»Tag, Michiel.« Dirk richtete sich halb auf.
Er war entsetzlich zugerichtet. Seine Nase stand schief und ein Auge war so zugeschwollen, dass man es kaum sah. Die linke Wange war aufgerissen, der Mund stand leicht offen – anscheinend konnte er ihn nicht richtig schließen.
»Mein Gott, was haben die mit dir gemacht?!«
Dirk versuchte ein Lächeln. Es wurde mehr ein schiefes Grinsen.
»Zum Glück gibt's hier keinen Spiegel.«
»Bist zu geflohen?«
»Ja, vom Zug gesprungen. Gestern Nacht. Aber sag mal, hast du was zu essen dabei? Ich hab seit zwei Tagen nichts mehr in den Magen bekommen. Gestern musste ich mich den ganzen Tag lang in einer Hecke verstecken und wäre dabei fast erfroren. Und heute Nacht bin ich hierhergelaufen. Geschlichen, besser gesagt.«
»Gedonnert, besser gesagt«, meinte Jack. »Fast ich hätte geschossen. Er ist durch die Tannen gebrochen wie eine Stoßtrupp.«
»Weil ich mich kaum noch auf den Beinen halten konnte.«
Hastig schnürte Michiel den Rucksack auf, reichte Dirk den Schinken und packte dann den Rest aus.
»Nur weiches Essen, bitte. Die Dreckskerle haben mir fast alle Zähne ausgeschlagen. Ah, die gekochten Bohnen sind gut, die kann ich kauen. Und Milch, wunderbar! Tut mir leid, Jack, aber heute musst du mir ordentlich was abtreten. Nimm die Äpfel, die kann ich sowieso nicht beißen.«
»Never mind.«
»Ich kann mehr Essen bringen«, sagte Michiel. »Vielleicht schaff ich's noch heute, sonst morgen.«

»Meinst du, du kannst auch bringen ein Decke?«, fragte Jack.
»Ich werd's versuchen.«
Heißhungrig aß Dirk alles auf, was er halbwegs kauen konnte.
»Du kommst zu kurz, Jack«, nuschelte er mit vollem Mund. »Ich ess deine Sachen und besetze dein Bett und ...«
»No problem, ist ja dein Höhle hier«, sagte Jack.
»Michiel hat dich gut versorgt, was?«
»Hat er.«
»Und dir sogar Niederländisch beigebracht.«
»Das ist sein eigenes Verdienst«, sagte Michiel bescheiden, »ich hab ihm nur Bücher gebracht. Und das eine oder andere hat er von einer gewissen Erica aufgeschnappt.«
»Von deiner Schwester?«
»Ja, sie kommt regelmäßig her. Tut mir leid.«
»Mir tut nicht leid«, sagte Jack.
»Dann war es also Erica, die nicht dichtgehalten hat«, sagte Dirk.
»Nicht dichtgehalten? Wie meinst du das?«
»Na, wir sind doch verraten worden!«
»Erica wusste nichts von eurem Überfall. Sie ist erst später dazugekommen.«
»Aber jemand hat uns verraten. Jack hat mir erzählt, dass Bertus verhaftet worden ist, also muss jemand den Brief gelesen haben. Hast du mit irgendwem darüber gesprochen, Michiel?«
»Nein, den hat kein Mensch außer mir in den Händen gehabt. Ich hatte ihn im Hühnerstall versteckt. Aber du, Dirk, hast du nicht ... ich meine ... die haben dich übel zugerichtet und ... hast du vielleicht beim Verhör Bertus' Namen genannt? Ich dachte nämlich ...«

Dirk hatte sich wieder auf das Lager fallen lassen und die Augen geschlossen. »Sie haben mich grün und blau geschlagen«, murmelte er, »aber ich hab nichts gesagt, das schwör ich dir.« Er wirkte völlig erschöpft, und Jack gab Michiel mit einer Geste zu verstehen, er solle ihn ausruhen lassen.

»Ich seh zu, dass ich noch mehr Essen und eine Decke auftreibe«, flüsterte Michiel. »Spätestens morgen Nachmittag bin ich wieder da. Kommt ihr bis dahin zurecht?«

Jack nickte. »Sei vorsichtig, Wir kriegen schon hin.«

»Okay, dann bis bald. Und kümmer dich gut um Dirk, ja?«

»Roger.«

Im Dorf machte Michiel sich sogleich daran, Essbares zu organisieren. Bei Bauer Coenen, dem er öfter mal zur Hand ging, kaufte er Speck, Eier, Butter und Käse, und dem Bäcker schwatzte er einen ganzen Laib Brot ab. Zu Hause fand er in einer Truhe auf dem Speicher noch zwei Decken. Seine Ersparnisse waren inzwischen fast aufgebraucht, sodass er demnächst vor einem Problem stehen würde. Mittlerweile war es so spät geworden, dass er nicht noch einmal in den Wald konnte.

Am nächsten Morgen nach dem Frühstück ging seine Mutter mit Jochem für eine Stunde aus dem Haus. Michiel nutzte die Gelegenheit zum Eierkochen und dachte sogar daran, etwas Salz abzufüllen. Wie aber sollte er mit so viel Gepäck unbemerkt in den Wald kommen?

Er beschloss, zwei Mal zu fahren. Erst nahm er eine Decke mit, in die ein Teil der Lebensmittel gewickelt war, und versteckte sie am Rand der Schonung. Dann fuhr er noch einmal nach Hause und holte das zweite Bündel. Gegen elf Uhr kämpfte er sich schwer beladen durch die Tannen.

Dirk wirkte ein wenig munterer als am Vortag, und zu Michiels Überraschung war der Laubhaufen auf doppelte Größe angewachsen. »Wie kommt das?«, fragte er misstrauisch.
»Ein Sturmwind hat zu uns geblasen die Blätter«, sagte Jack.
»Na so was! Im Dorf war es völlig windstill.«
»Wenn du genau wissen musst: Gestern Abend in Dunkelheit ich bin zu Buchen geschlichen, ein Stück von hier. Keiner hat gesehen.«
»Ging das denn mit deinem Bein?«
»Ging gut.«
»Glückwunsch.«
»Danke.«
Als Michiel auspackte, konnten die beiden jungen Männer sich vor Staunen kaum fassen. Danach herrschte eine Weile Stille, weil sie voll und ganz mit essen beschäftigt waren.
Schließlich sagte Michiel: »Ich hab ein Problem.«
»Ich auch«, meinte Dirk. »Und nicht nur eins. Aber schieß los.«
»Mein Geld ist alle. Die Bauern hier sind zwar keine Halsabschneider, aber was ich bei ihnen hole, muss ich natürlich bezahlen.«
»Dafür weiß ich eine Lösung«, meinte Dirk nach kurzem Nachdenken.
»Und zwar?«
»Meine Eltern müssen sowieso erfahren, dass ich in Sicherheit bin. Geh zu meiner Mutter und sprich mit ihr. Aber nur mit ihr, hörst du? Nicht mit meinem Vater, der würde uns in seiner Angst womöglich verraten. Mutter kann es ihm ja später sagen, dann weiß er zumindest nicht, dass du damit zu tun hast. Bestell ihr, dass mit mir alles in Ordnung ist, dass ich mich aber aus Sicherheitsgründen noch eine Weile versteckt halten muss.

Und dass sie jede Woche ein Essenspaket zurechtmachen soll, das du dann abholst. Du wirst sehen, auf sie ist Verlass.«
»Gut, wird gemacht.« Sekundenlang schwiegen sie alle drei, dann fragte Dirk: »Wie ist das Wetter?«
»Geht so. Ziemlich bewölkt.«
»Das ist besser als klar. Frost können wir nämlich nicht gebrauchen, auch wenn du Decken mitgebracht hast. Meinst du, es hält sich?«
»So viel versteh ich nicht vom Wetter. Und du weißt ja, dass wir kein Radio mehr haben.«
»Dann muss ich wohl selber nachsehen.« Mühsam stemmte Dirk sich hoch und ging zum Eingang der Höhle. Er humpelte so erbärmlich, dass Michiel sich auf die Unterlippe biss.
»Ist das auch von ...«
Dirk nickte.
»Vor allem deshalb hab ich eine Rechnung mit dem Kerl offen, der uns verraten hat. Weißt du was? Ich bin ja bei Stroe aus dem Zug gesprungen. Nicht weit von dort, in Garderen, wohnt ein guter Freund von mir, der hätte mich bestimmt aufgenommen. Aber ich hab mich hierher geschleppt, weil ich unbedingt rausfinden will, wem ich diesen Schlamassel zu verdanken hab.«
»Schafter«, sagte Michiel.
»Schafter? Wie kommst du auf den? Schafter ist doch ...«
»Was ist er?«
»Ach, keine Ahnung. Vielleicht ist er tatsächlich ein Deutschenfreund, wer weiß. Obwohl ich immer dachte, er tut nur so. Aber ich kann mich täuschen.«
»Du täuschst dich«, sagte Michiel. »Da bin ich mir ziemlich sicher.«
»Raus damit!«

»Das ist eine längere Geschichte. Erzähl erst deine.«
»Gut«, sagte Dirk, »also von Anfang an. Im ersten Kriegsjahr, so um 1941, war ich Waldarbeiter. Damals sollte ich hier im Dagdaler Wald eine Tannenschonung anlegen. Ich war erst achtzehn, und vom Krieg merkte man bei uns im Dorf noch nicht viel. Trotzdem kam mir die Idee, ein Versteck zu graben – wer weiß, wofür es einmal gut sein würde. Also hab ich das gemacht, und zwar in der Mitte eines der vier Karrees, wo niemand es im Tannendickicht entdecken würde. Ich hab keinem Menschen davon erzählt, nicht mal später, als ich mich dem Widerstand angeschlossen hatte. Das Versteck hat sich bewährt, als ich Jack mit gebrochenem Bein und einer Schusswunde an der Schulter fand. Zuerst aber hab ich ihn auf einem Karren zu einem Arzt gefahren, der hier in der Gegend untergetaucht lebte. Wie der an den Gips gekommen ist, weiß ich nicht, vermutlich hat er ihn selber aus Knochenleim und Kreide und was weiß ich noch zusammengemischt. Übrigens ist der Arzt kurz darauf entdeckt und verhaftet worden.«
»Ja, der Gips«, sagte Michiel. »Erica hat sich auch darüber gewundert.«
»Wie auch immer, als Jack verarztet war, hab ich ihn hierhergebracht.«
»Das wissen wir doch schon«, sagte Michiel.
»Unterbrich mich nicht dauernd. Ihr wollt doch die ganze Geschichte hören, oder?«
»Klar.«
»Ich hab beim Widerstand also nichts von Jack gesagt. Weil ich mir nicht ganz sicher war, ob wirklich alle dichthalten würden. Zu unserer Gruppe gehörte und gehört vielleicht noch immer ein gewisser Schafter. Er hat immer behauptet, er würde den

Deutschen nach dem Mund reden, um sie auf eine falsche Fährte zu locken. Ich dachte, er sagt die Wahrheit, aber vielleicht war ich zu gutgläubig. Irgendwann wurden wir dann von unserem Kommandanten beauftragt, die Verteilungsstelle in Lagezande zu überfallen. Ich, Willem Stomp, der jetzt tot ist, und ein Dritter, der entkommen ist und dessen Namen ich lieber nicht sage. Drei Mann schienen dem Kommandanten genug. Er meinte, außer ihm und uns wisse keiner davon.«
»Heißt der Kommandant zufällig Postma?«
Dirk sah Michiel erschrocken an. »Woher weißt du das?«
»Geraten. Aber egal, erzähl weiter.«
»Ich dachte damals, wenn bei dem Überfall was schiefgeht, muss Jack verhungern. Hätte ich meinen Brief Bertus, der auch im Widerstand ist, sofort gegeben, dann wäre ihm klar gewesen, dass ich etwas zu verbergen habe. Und das wollte ich nicht riskieren. Deshalb hab ich den Brief dir gegeben, Michiel. Wäre alles nach Plan gelaufen, dann hätte Bertus nie von dem Brief erfahren. Und das hat er ja auch bis heute nicht. Von dir, Michiel, hatte ich immer den Eindruck, dass du ruhig und vorsichtig bist und dass man sich auf dich verlassen kann.«
»Kann man auch, obwohl ich fast alles falsch gemacht hab«, sagte Michiel bedrückt.
»Du hast dein Bestes getan. Aber jetzt weiter. In Lagezande gerieten wir in einen Hinterhalt. Man hatte uns aufgelauert, und das bedeutet, dass jemand uns verraten haben muss. Nur wer? Wer wusste von dem Vorhaben? Wir drei, die den Überfall ausführen sollten, Postma, der behauptete, keinem Menschen davon erzählt zu haben, und du, Michiel. Sonst niemand.«
»Könnte es denn sein, dass der Dritte, der geflohen ist, euren Plan vorher verraten hat?«

»Das hab ich mir auch überlegt, aber ich halte es für unwahrscheinlich. Warum, das erfahrt ihr noch.«
»Und wie ist es bei dem Überfall gelaufen?«
»Wir hatten abgemacht, dass der dritte Mann Schmiere stehen sollte, während Willem und ich reingingen. Wahrscheinlich hatten die Soldaten damit gerechnet, dass der Aufpasser vor der Tür Posten beziehen würde, denn sie hatten sich hinter der Buchenhecke neben dem Amt versteckt. Wir hatten aber beschlossen, dass der Dritte in weitem Bogen ums Haus gehen und sich vergewissern sollte, dass keiner kam. Deshalb standen nur Willem und ich vor der Tür. Wir hatten sie gerade aufgehebelt, als gut fünfzehn Soldaten auftauchten und ihre Gewehre auf uns richteten. Ich hab sofort die Hände gehoben, weil mir klar war, dass wir nicht den Hauch einer Chance hatten. Aber Willem rannte ins Amtszimmer, hechtete über den Tresen und versuchte, durch eines der hinteren Fenster zu entkommen. Dabei hat er die Moffen gewaltig unterschätzt: Sie hatten nämlich auch an der Rückseite des Gebäudes ein paar Leute postiert. Ich hörte die Schüsse, während sie mich in einen Wagen bugsierten, der inzwischen vorgefahren war. Dort haben sie mich dann gefragt, wo der dritte Mann sei. Ich stellte mich erst dumm und tat, als würde ich kein Deutsch verstehen, später dann sagte ich, wir seien nur zu zweit gewesen. »Den Zweiten haben wir«, sagte der Offizier und deutete grinsend auf ein paar Soldaten, die Willem auf den Anhänger warfen. Ich wollte aufspringen und sehen, ob ich ihm helfen könnte, da schlug mir der Offizier ins Gesicht und sagte, meinem Spießgesellen sei nicht mehr zu helfen. Dann fing er wieder von dem dritten Mann an. Nun frage ich euch: Woher wussten die Deutschen, dass wir zu dritt waren?«

Michiel und Jack zuckten mit den Schultern.
»Jemand hat uns verraten, das steht fest. Die Deutschen wussten genau, wann der Überfall stattfinden würde. Vielleicht war Schafter wirklich der Verräter, vielleicht hat er das Gespräch zwischen Postma und uns mit angehört, oder irgendwelche Notizen sind ihm in die Hände gekommen. Deshalb bin ich mächtig gespannt, was du nachher zu sagen hast, Michiel. Ich will es wissen, und zwar genau. Denn was die mir im Gefängnis angetan haben, das war so ... so ungeheuerlich ... Ich will es dem Kerl heimzahlen, dass er mich in die Falle hat tappen lassen.« Dirk schniefte laut und fuhr dann fort. »Sie haben noch eine ganze Weile nach dem Dritten gesucht, dann aber aufgegeben. Das spricht übrigens dagegen, dass der uns verraten hat. Anschließend haben sie mich in die Kaserne gebracht und dort drei Tage in einer Zelle schmoren lassen, bevor die Verhöre anfingen.«
»Moment mal«, sagte Michiel. »Sie haben dich also nicht sofort nach eurer Widerstandsgruppe gefragt?«
»Nein.«
»Aber wie kann es dann sein, dass sie gleich am nächsten Tag Bertus geholt haben? Ich war, ehrlich gesagt, davon überzeugt, dass du seinen Namen genannt hast, als sie dich in die Zange genommen haben. Nimm's mir nicht krumm, aber du hast ja auch erst gedacht, ich hätte irgendwem den Brief gezeigt.«
»Schon gut. Ich bin also erst nach drei Tagen verhört worden. Anfangs lief das noch halbwegs zivilisiert, denn der Offizier war kein übler Kerl. Aber er wollte natürlich wissen, ob eine Widerstandsgruppe hinter dem Überfall steckt. Ich hab das geleugnet und behauptet, Willem und ich hätten den Plan allein ausgeheckt. Das schien ihm nicht glaubwürdig, aber er war sich

wohl nicht sicher, ob ich log. Danach ging es wieder um den dritten Mann. Ich stritt ab, dass noch jemand beteiligt gewesen sei, und diesmal merkte ich genau, dass er Bescheid wusste. Ich solle besser gestehen, meinte er, sonst würde er mich der SS übergeben, und die hätten ihre eigenen Mittel, um verstockte Kerle wie mich zum Reden zu bringen. Weil ich nicht weich wurde, brachten sie mich kurz darauf nach Amersfoort. Dort ließ man mich wieder eine Weile in Ruhe und begann dann mit den Verhören. Dazu musste ich nackt antreten, damit ich ihre Stiefeltritte mit voller Wucht abbekam. »Den Namen!«, brüllten sie, und als ich wieder sagte, wir seien nur zu zweit gewesen, schlugen sie mich zusammen und traktierten mich zu dritt mit Tritten in Bauch und Gesicht, bis ich das Bewusstsein verlor.«
»Und du hast deinen Kameraden nicht verraten?«, fragte Michiel, der schreckensbleich zugehört hatte. »Warum nicht? Wie konntest du das ertragen?«
»Weiß ich selber nicht«, sagte Dirk. »Wenn ich auf meiner Pritsche lag und mich vor Schmerzen krümmte, dachte ich: Das halt ich nicht mehr aus, beim nächsten Mal sag ich alles. Aber wenn ich dann wieder ihre hämisch grinsenden Visagen vor mir sah, hab ich doch geschwiegen. Einmal schlugen sie mich nicht. Der SS-Offizier, der das Verhör führte, war plötzlich scheißfreundlich und meinte, ich solle doch vernünftig sein und endlich den Namen des Dritten nennen, mehr als ein Jahr Haft hätte er auf keinen Fall zu erwarten. Er gab sich so nett, dass ich fast drauf reingefallen wäre. Aber als ich daran dachte, was sie mir schon alles angetan hatten, hielt ich doch den Mund. Da hatte er sofort wieder diesen hinterhältigen Zug im Gesicht. Ich dachte schon, gleich setzt es wieder Schläge, aber nein, er sagte, ich könne mich wieder anziehen, was ich

nur zu gern tat. Ich wollte gerade in die Socken schlüpfen, da meinte er, erst solle ich den rechten Fuß auf einen Stuhl stellen. Als ich das getan hatte, nahm er einen Knüppel, strich damit über meine Zehen und fragte dann mit zuckersüßer Stimme, ob nicht doch ein dritter Mann dabei gewesen sei. »Nein«, sagte ich, »wirklich nicht.« Da ließ er den Knüppel auf meine Zehen niedersausen und forderte mich ungerührt auf, den anderen Fuß auf den Stuhl zu stellen.«

»So ein Schwein!«, stieß Michiel hervor, und Jack schluckte heftig.

»Tja, in die Holzpantinen kam ich danach kaum noch«, sagte Dirk, »aber ich musste, sodass meine Zehen jetzt völlig verwachsen sind. Aber ob ihr's glaubt oder nicht, das fand ich gar noch so schlimm, weil sie mich daraufhin nämlich in Ruhe ließen. Vor ein paar Tagen hieß es dann, ich und noch etliche andere würden verlegt. Wohin, sagte keiner. Wir mussten in einen Zug mit separaten Abteilen, jedes mit eigener Tür. Dort saßen wir zu neunt mit einem bewaffneten SS-Mann. Ich war fest entschlossen, bei erster Gelegenheit einen Fluchtversuch zu wagen, und weil die anderen acht den Eindruck machten, als seien die Deutschen auch mit ihnen nicht eben sanft umgesprungen, würden sie bestimmt auch alles dransetzen, zu entkommen. Als der Zug angefahren war, wurde mir schnell klar, dass wir in Richtung Apeldoorn unterwegs waren. Ich wusste, dass die Strecke Amersfoort–Apeldoorn bei Stroe eine lang gezogene Kurve macht und die Züge dort langsamer fahren müssen. Ich flüsterte den anderen zu, dass wir dort abspringen könnten. Der SS-Mann verstand zum Glück kein Niederländisch, wie ich gehofft hatte, aber taub war er auch nicht, deshalb bekam ich einen Hieb mit dem Gewehrkolben ab. Aber wenigstens wussten

die anderen jetzt Bescheid. Kurz vor Stroe merkten wir zu unserem Schrecken, dass die Abteiltür verschlossen war.«
»Konntet ihr das denn ausprobieren, wo doch der SS-Mann dabeisaß?«, fragte Michiel.
»Der war bereits ... na ja, die Einzelheiten lasse ich beiseite. Den Part hatten zwei Jungs aus Rotterdam übernommen, die neben ihm saßen. Die Tür war also zu, und was uns erwartet hätte, wenn sie uns ins Apeldoorn mit einem toten Deutschen vorgefunden hätten, könnt ihr euch wohl vorstellen. Aber wenn Not am Mann ist, geht vieles: Einer der Jungs hat mit dem Bajonett des SS-Manns noch vor der Kurve bei Stroe das Schloss geknackt. Und als der Zug langsamer wurde, sind wir nacheinander abgesprungen, alle neun. Einer hat es nicht überlebt, weil er mit dem Kopf an einen Pfosten geknallt ist.«
»Und die Deutschen haben nichts gemerkt?«
»Doch, sie haben aus den Fenstern geschossen, aber keinen getroffen, weil es schon ziemlich dunkel war. Und den Zug haben sie zum Glück nicht anhalten lassen. Wir saßen gerade beisammen und beratschlagten, was wir tun sollten, gemeinsam weiter oder jeder für sich, als zufällig eine deutsche Patrouille auftauchte. Wir hörten sie schon von Weitem und versteckten uns im Graben neben dem Bahndamm. Aber sie hatten uns anscheinend auch gehört, denn auf einmal rief einer: »Halt! Parole?«
Im nächsten Moment begann Krijn, einer von uns, wie ein Irrer zu schießen. Er war bei den Fallschirmjägern oder so gewesen und hatte die Geistesgegenwart gehabt, das Gewehr unseres Bewachers mitzunehmen. Mit den ersten Schüssen streckte er drei Mann nieder, die übrigen schossen zurück. Wir anderen, die keine Waffen hatten, machten uns möglichst klein. »Haut

ab!«, schrie Krijn uns zu. »Ich geb euch Deckung!« Da rannten wir los, um uns in Sicherheit zu bringen – jeder für sich. Noch eine ganze Weile waren Schüsse zu hören. Ich hab keine Ahnung, ob Krijn lebend davongekommen ist, aber wundern würde es mich nicht, denn er kam mir vor wie einer, der nicht mal vor des Teufels Großmutter Angst hat. Was danach passiert ist, wisst ihr schon. Ich hab mich einen Tag lang in einer Hecke versteckt und mich in der Nacht darauf hierher geschleppt.«
Das Erzählen hatte Dirk angestrengt. Er legte sich auf den Laubhaufen, die Hände hinterm Kopf verschränkt.
»Und jetzt kannst du kaum gehen«, sagte Michiel.
»Einigermaßen, sonst hätte ich es ja nicht von Stroe bis hierher geschafft. Nach dem Krieg muss ich zusehen, dass ich einen Arzt finde, der mir die Zehen richtet. Das mit dem Auge und der Nase wird von selber wieder. Einen Teil der Verletzungen habe ich mir sowieso erst bei dem Sprung aus dem Zug zugezogen, weil ich unglücklich aufgekommen bin. Aber genug davon. Das alles ist vorbei und nicht weiter wichtig. Jetzt will ich wissen, wer aus de Vlank der Verräter ist.«
»Ich tippe nach wie vor auf Schafter«, sagte Michiel.
»Dann erklär mir, warum er nicht die ganze Widerstandsgruppe hat hochgehen lassen. Schließlich kennt er uns doch alle.«
Darauf wusste Michiel keine Antwort.
»Soll ich jetzt erzählen?«, fragte er. Dirk lag mit geschlossenen Augen da. Jack sah besorgt zu ihm hinüber. »Lieber nächste Mal.«

Dirks Geschichte ging Michiel noch lange nach. Seine Mutter merkte, dass er über etwas grübelte, stellte aber keine Fragen.

Solche furchtbaren Dinge, wie Dirk sie erzählt hat, sind also keine Gräuelmärchen, sondern Wirklichkeit, dachte Michiel, und ihm fiel ein, dass sein Vater einmal gesagt hatte: »In jedem Krieg geschieht Entsetzliches. Glaub bloß nicht, nur die Deutschen seien so. Auch Niederländer, Engländer, Franzosen – jedes Volk hat in Kriegszeiten so brutal gemordet und gefoltert, wie man es sich im Frieden kaum vorstellen kann. Und deshalb, Michiel, lass dir nicht einreden, im Krieg gehe es um Werte wie Heldenmut und Aufopferung oder um Spannung. Krieg bedeutet immer Hunger, Tränen, Entbehrungen, Angst, Schmerz, Gefangenschaft und Unrecht, und das alles hat ganz und gar nichts Abenteuerliches.«

Michiel war sicher, dass er niemals so standhaft geblieben wäre wie Dirk, und dafür bewunderte er ihn sehr. Ein Glück, dass er den Fängen seiner Peiniger entkommen war.

Erst am späten Nachmittag verließ Herr Knopper das Haus. Schnell stieg Michiel über den Zaun. Er traf Dirks Mutter an der Hintertür, als sie gerade einen Topf mit Kartoffelschalen ins Freie stellte.

»Ich hab eine Nachricht für Sie, Frau Knopper«, sagte er. »Darf ich einen Augenblick reinkommen?«

»Wie? Etwa von Dirk?«

Michiel nickte und folgte der Nachbarin in die Küche.
»Eine schlechte Nachricht? Und wie kommt's, dass *du* sie bringst?«
»Es ist eine gute Nachricht«, sagte Michiel. »Eine sehr gute sogar. Aber Sie müssen mir versprechen, zu schweigen wie ein Grab und mir keine Fragen zu stellen.«
»Ja, ja, ist gut.«
»Dirk ist geflohen und fürs Erste in Sicherheit.«
Frau Knopper vergaß sofort ihr Versprechen: »Wo ist er denn? Ist er gesund? Kann ich ihn sehen? Warum kommt er nicht nach Hause?«
»Das wäre zu gefährlich«, sagte Michiel. »Es geht ihm verhältnismäßig gut, mehr kann ich Ihnen nicht sagen. Aber er braucht etwas zu essen. Er bittet sie, jede Woche ein Paket für ihn herzurichten. Ich hole es dann ab und sorge dafür, dass er es bekommt.«
»Selbstverständlich mach ich das. Und wie gern! Meinem Mann darf ich doch aber alles erzählen?«
»Sie können ihm sagen, dass Dirk in Sicherheit ist, aber lieber nicht, dass Sie es von mir erfahren haben. Sonst aber bitte kein Wort zu irgendwem.«
»Ich kann schweigen. Sag mir nur noch, ob Dirk hier im Dorf ist.«
»Er hat sich im Kirchturm von Hinterpfuiteufel versteckt«, sagte Michiel. »Wiedersehen, Frau Knopper. Und denken Sie daran, Ihrem Mann auf keinen Fall zu sagen, dass ich hier war.«
»Ja, ich denk dran. Morgen pack ich Essen für Dirk zusammen. Kannst du mir denn sonst gar nichts sagen, Michiel? Kann ich Dirk nicht sehen, nur ganz kurz?«

»Nein, das geht noch nicht, so leid es mir tut. Und jetzt muss ich weiter, und zwar schnell.«
»Wiedersehen, Michiel. Und danke. Ich bin ja so froh.«
Leichten Herzens ging Michiel wieder nach Hause. Er war sicher, dass die Essenspakete für Dirk so reichlich ausfallen würden, dass auch Jacks Versorgung gesichert war.

Am nächsten Tag war eigentlich Erica an der Reihe, in den Wald zu gehen. Michiel beschloss, sie zu begleiten und einzuweihen, denn Dirks Anwesenheit konnte ihr ja nicht verborgen bleiben. Er fuhr als Erster los, mit dem Paket von Dirks Mutter, etwa zehn Minuten später folgte Erica.
Weil Dirk nun unbedingt Michiels Geschichte hören wollte, beschrieb er ihm genau, wo und wie er den Brief versteckt hatte, was alles dazwischengekommen war, als er ihn am nächsten Tag abliefern wollte, wie aufdringlich Schafter sich verhalten hatte, wie er schließlich tags darauf doch endlich zum Hof der van Gelders gefahren war und dass es wiederum Schafter war, der den deutschen Soldaten den Weg dorthin gewiesen hatte.
Dirk war nicht sonderlich beeindruckt und meinte, das alles könnten durchaus Zufälle sein. Aber als Michiel dann von seiner Überfahrt mit den Kleerkopers, der Verhaftung des Fährmanns, dem Tod der Baronin und Schafters Ausfragerei berichtet hatte, kam ihm das Ganze doch verdächtig vor.
»Aber wie sollen wir es beweisen?«, fragte Michiel.
»Wird nicht leicht«, meinte Dirk. »Ganz und gar nicht. Auf jeden Fall solltest du den Kommandanten informieren« – er sagte nicht Postma, weil Erica dabei war –, »dass er sich vor Schafter in Acht nehmen muss. Sag ihm, das sei eine Nachricht vom Weißen Leghorn, die dir zugetragen worden sei.«

»Weißes Leghorn? Ist das dein Deckname?«
Dirk nickte. Sie unterhielten sich noch eine Weile, und irgendwann kam die Rede auf den Tod des Vaters der Geschwister.
»Warum haben sie ihn eigentlich als Geisel genommen?«, wollte Dirk wissen.
»Weil man im Wald einen toten deutschen Soldaten gefunden hat, gar nicht weit von hier«, sagte Michiel. »Er hatte eine Schädelverletzung und sie wollten wissen, wer ihn umgebracht hat. Deshalb haben sie zehn Männer abgeholt und gedroht, sie alle aufzuhängen, wenn der Täter sich nicht binnen vierundzwanzig Stunden stellt. Der elende Feigling hat sich natürlich nicht gemeldet, deshalb haben sie fünf Mann erschossen, auch unseren Vater. Wenigstens nicht aufgehängt, das wäre noch schlimmer gewesen. He, was habt ihr denn?«
Dirk und Jack waren leichenblass geworden und starrten Michiel und Erica mit Entsetzen in den Augen an.
»Jack, du wusstest doch, dass Vater tot ist«, sagte Erica.
Die beiden schwiegen betreten. Erica musterte sie nacheinander. Auf einmal beugte Dirk sich vornüber, legte den Kopf auf die Arme und weinte mit zuckenden Schultern, wie ein kleines Kind. Jack zog sich in eine Ecke zurück und verbarg das Gesicht in den Händen.
»Was habt ihr? Warum nimmt euch das so mit?«, fragte Michiel.
In Erica regte sich ein schlimmer Verdacht. Sie stand auf, ging zu Jack, rüttelte ihn an der gesunden Schulter und zog ihm die Hände vom Gesicht. »Habt ihr ...?«
Verzweifelt sah er sie an.
»Habt *ihr* etwa den Deutschen getötet?«
»Yes«, flüsterte Jack.

Erica ging wie in Trance aus der Höhle. Michiel ließ trotz seines Schocks selbst jetzt die Vorsicht nicht aus dem Auge; er rannte seiner Schwester nach und packte sie am Arm.

»Los, ducken! Sonst sieht dich noch jemand!«

Erica ließ sich auf alle viere nieder und kroch durch die Tannen. Michiel folgte ihr. Sie holten ihre Räder und fuhren schweigend nebeneinander her, in Richtung Dorf.

»Nicht nach Hause«, sagte Michiel, als sie die Hauptstraße erreicht hatten. »Erst müssen wir reden.«

Sie fuhren an ihrem Haus vorbei und schlugen, ohne es abgesprochen zu haben, den Weg zum Wigwam ein, einer nicht mehr genutzten, halb verfallenen Feldscheune etwas außerhalb von de Vlank. Dort hatten sie früher, als Kinder, ein Geheimversteck, dort hatten sie sich unzählige Abenteuer ausgedacht und einige auch wirklich erlebt. Manchmal waren sie der Scheune eine Zeit lang ferngeblieben, weil Erica lieber mit ihren Freundinnen spielen wollte und Michiel das »Mädchengeziere« auf die Nerven ging, aber immer wieder hatte es Situationen gegeben, in denen sie am liebsten zusammen waren, und dann hatte es sie zum Wigwam gezogen.

Es muss etliche Jahre her sein, dass wir das letzte Mal hier waren, dachte Michiel, als sie ihre Räder an den Stacheldrahtzaun der angrenzenden Viehweide lehnten.

Innen war alles wie früher, nur war die Scheune inzwischen noch baufälliger geworden. Erica drehte einen rostigen Eimer um und setzte sich darauf, während Michiel auf und ab ging.

»Das verzeih ich den beiden nie«, sagte Erica.

»Ich begreife es einfach nicht«, meinte Michiel. »Sie hätten doch wissen können, Dirk jedenfalls, dass so was passieren würde, wenn man den Toten findet. Und dass er feige ist, kann

man ihm wirklich nicht nachsagen. Denk nur, was er alles ertragen hat, ohne den Namen des dritten Mannes zu nennen.«
»Das heißt noch lange nicht, dass er sich gemeldet hätte, wenn er nicht im Gefängnis gewesen wäre, als sie die Leiche fanden. Er hätte sich sofort stellen müssen. Oder Jack – ihn als Soldaten hätten sie wahrscheinlich nicht erschossen, sondern vor ein Gericht gestellt.«
»Mag sein«, sagte Michiel, »aber vielleicht haben sich die beiden das nicht so genau überlegt.«
»Ich versteh dich nicht!«, fuhr Erica auf. »Vor Kurzem noch hast du gesagt, wenn du den Schuldigen zu fassen kriegst, würdest du ihn zu Brei schlagen. Und jetzt verteidigst du die beiden!«
»Was schlägst du vor? Willst du sie den Deutschen übergeben?«
»Bist du verrückt geworden?«
»Sie sind von uns abhängig. Wenn wir sie im Stich lassen, könnten wir sie genauso gut ausliefern.«
Erica versank in tiefes Nachdenken.
»Ich bin ja auch schockiert«, fuhr Michiel fort. »Und ich hab unseren Vater nicht weniger lieb gehabt als du. Aber andererseits habe ich von Dirk gehört, wie sie ihn gequält haben, und ich bewundere seinen Mut. Dass er, was den deutschen Soldaten betrifft, einen Fehler begangen hat, bedeutet nicht, dass er schwach und feige ist. Ich selber hab auch Fehler gemacht. Letztlich ist es meine Schuld, dass Bertus verhaftet wurde und die Baronin tot ist.«
»Ich glaube nicht, dass du was dafür kannst.«
»Hast du gesehen, wie verzweifelt Dirk war? Er hat geheult wie ein Schlosshund.«
»Das kommt, weil er so geschwächt ist«, sagte Erica. »Er ist fix und fertig, er hat keine Widerstandskräfte mehr.«

»Stimmt, aber man hat ihm doch angemerkt, wie schlimm er das alles findet.«
»Und dass er weiß, dass es seine Schuld ist ...«
Sie schwiegen eine Weile.
»Wahrscheinlich stehen die beiden jetzt große Angst aus, weil wir einfach davongelaufen sind«, überlegte Erica.
»Das ist nicht unser Problem«, sagte Michiel unerwartet hart. »Als Vater in Haft war, ging es uns genauso.«
»Furchtbar war das«, flüsterte Erica, »ganz entsetzlich. So was wünscht man seinem ärgsten Feind nicht.«
Michiel merkte, dass ihr gutes Herz wieder die Oberhand gewann. »Wir sollten ihnen zumindest die Chance geben, uns zu erzählen, was genau passiert ist«, schlug er vor.
»Meinst du?«
»Ja, das meine ich.«
»Gut.«
»Dann fahren wir hin.«
»Jetzt gleich?«
»Oder sollen wir sie noch eine Nacht lang schmoren lassen?«
»Lieber nicht«, sagte Erica. Mit einem bleichen Lächeln stand sie auf und nahm die Hand ihres Bruders. »Jack hat gesagt, dass du unsere Widerstandsgruppe anführst. Also richte ich mich nach dir.«
Sie stiegen auf die Räder und fuhren wieder zum Dagdaler Wald.
Dirk starrte deprimiert vor sich hin, hatte sich aber wieder im Griff. Und von Jacks neutraler Miene war wenig abzulesen.
»Wir hören«, sagte Michiel.
»Erst ich erzähle mein Teil«, sagte Jack. »Ihr wisst, ich war Pilot von eine Spitfire. Mein Geschwader war auf eine provisorischen

Flugplatz im Süden von euer Land stationiert, bei Eindhoven. Eines Tags ich bekam Auftrag zu fliegen bis Ijsselmeer und zu schießen auf Autos und Züge. Erst alles ging gut. Bei Hattum ich sah eine deutsche Personenauto. Als der Fahrer mich bemerkte, er hielt an, und alle Männer rannten in Gebüsch. Es war ein Kinderspiel zu schießen die Auto in Brand. Ich hatte noch genug Munition zum Weitermachen. Aber über Zwolle ich hatte Pech. Sie sahen mich und Kugeln von Flak pfiffen um mein Ohrs. Ich wollte schnell davon, nach Süden, raus aus besetztes Gebiet, aber die hintere Teil von meine Maschine war getroffen und das Motor hat Feuer gefangen, weil kam Benzin aus Tank. Ich musste schnell raus. Unter mir war Wald. Nicht gut für eine Sprung mit Fallschirm, aber was blieb übrig? Zum Glück mein Fallschirm ging gleich auf. *Jetzt wirst du Kriegsgefangener, Jackie,* ich dachte auf mein Weg nach unten, aber weil kein Lichtung da war, nur Kronen vom Bäume, ich dachte, *oder du wirst liegen auf eine holländische Friedhof.* Ich landete in eine große Eiche. Mein eine Fuß blieb in eine Astgabel hängen und mein Bein brach wie Streichholz. Ich hing mit meine Kopf nach unten, an mein gebrochenes Bein. Plötzlich war unten neben Eiche ein deutscher Soldat. Er zielte mit seiner Pistole auf mich. Ich schrie ›Don't shoot!‹ Vielleicht war falsch auf Englisch, ich hätte auf Deutsch schreien müssen. Egal, er hat geschossen. Ich spürte Schlag an meine Schulter, dann ich war bewusstlos und hab keine Erinnerung mehr.«

Erica und Michiel, die aufmerksam zugehört hatten, richteten nun beide den Blick auf Dirk.

Er räusperte sich. »Tja, dann bin ich wohl dran«, sagte er. »Ich war an dem Tag im Wald, weil ich nachsehen wollte, wo man Bäume fällen müsste. Weil ich daran gewöhnt bin, auf alle Geräusche zu achten, merkte ich auf, als ich ein Rascheln hörte. Erst dachte ich, es wäre ein Reh. Ich wollte versuchen, das Tier mit meiner Hippe zu treffen. Ich hab mich nämlich, erst zum Spaß und später dann ernsthafter, im Werfen geübt, und von einem Stück Wild hätten wir zu Hause lange essen können. Ich schlich also möglichst leise in die Richtung, aus der das Geräusch gekommen war. Kaum hatte ich gesehen, dass es ein deutscher Soldat war, der sich mit einem Mädchen vergnügte, hörte ich schräg vor mir Zweige brechen und dann einen Schrei, der uns drei – den Soldaten, das Mädchen und mich – zusammenschrecken ließ. Der Schrei kam von dir, Jack, als dein Bein brach, aber im ersten Moment dachte ich, der Teufel höchstpersönlich wolle sich auf uns stürzen. Das Mädchen rannte kreischend davon. Ich kannte sie nicht und hab sie später auch nie mehr gesehen. Der Soldat hatte sich ebenfalls aufgerappelt und zog seine Pistole. Dann hörte ich, wie jemand etwas auf Englisch rief, und mir wurde klar, dass das unförmige, halb vom Fallschirm bedeckte Etwas im Baum ein alliierter Pilot sein musste, der aus einem abgeschossenen Flugzeug gesprungen war. Im nächsten Moment schoss der Soldat, vielleicht aus Angst oder Verunsicherung, vielleicht aber auch aus Lust am Töten, was ja nichts Neues bei unseren deutschen Freunden gewesen wäre. Als er zum zweiten Mal anlegte, verlor ich die Beherrschung; ich schwang meine Hippe und warf sie nach ihm. Ich traf so gut wie noch nie, mitten in den Hinterkopf. Hätte er seinen Helm aufgehabt, wär ihm nichts passiert, aber den hatte er für das Schäferstündchen abgenommen, er lag neben ihm im Gras. Erst als der Mann tot zusammensackte, wurde mir bewusst, in was für einer grässlichen Lage ich mich befand. Vor mir im Baum hing mit dem Kopf nach unten ein verletzter Pilot, und ich musste irgendwie verhindern, dass er den Besatzern in die Hände fiel. Und darunter am Boden lag die Leiche eines deutschen Soldaten, und wenn herauskäme, dass ich ihn getötet hatte, würde man mich ohne viel Federlesens an die Wand stellen. Wenn ich den Piloten versteckte übrigens auch, aber ich konnte und wollte ihn nicht einfach seinem Schicksal überlassen. Also bin ich auf den Baum geklettert, hab ein Stück Seil vom Fallschirm geschnitten und es Jack um den Leib gebunden. Das andere Ende hab ich ein paarmal um einen Ast geschlungen, sodass ich ihn langsam runterlassen konnte. Vorher aber musste ich noch den eingeklemmten Fuß freibekommen, und das war eine Heidenarbeit, weil ich zum einen fast nicht drankam und zum anderen an dem gebrochenen Bein herumzerren musste. Ein Glück nur, das Jack bewusstlos war. Schließlich hatte ich ihn mit Ach und Krach unten. Ich hab mein Hemd in Streifen gerissen und damit seine Schulter notdürftig verbunden. Als ich damit fertig war, kam er gerade wieder zu sich. Leider konnten wir nicht miteinander reden, weil ich kaum Englisch kann. Aber dass mir der tote Soldat schwer im Magen lag, hat er auch so begriffen.«

»Ich nicht hatte alles verstanden«, sagte Jack, »weil ich war fast tot von Schmerzen an Bein.«

»Immerhin hast du eine Handbewegung gemacht, von wegen, ich solle ihn vergraben«, sagte Dirk. »Mir war klar, dass die Deutschen uns im Dorf die Hölle heiß machen würden, wenn sie den toten Soldaten fänden. Deshalb hab ich lange überlegt, ob ich mich stellen soll, das schwör ich euch. Aber damit hätte ich mein eigenes Todesurteil unterschrieben, und so was fällt keinem leicht. Irgendwann hatte ich dann eine Lösung gefunden, die mir gut schien. Ich dachte, wenn ein alliierter Pilot einen Deutschen umbringt, ist das eine Kriegstat, wie sie nun einmal vorkommt, und dafür kann niemand im Dorf etwas. Wegen des Sprachproblems konnte ich das Jack leider nicht erklären. Ich packte also die Leiche in den Fallschirm. Den Deutschen konnte ja nicht entgangen sein, dass nicht weit vom Wald ein Flugzeug abgestürzt war. Wenn man den toten Soldaten mit einem englischen Fallschirm als Leichentuch finden würde, wäre es nur logisch, dass er im Kampf mit dem Piloten umgekommen wäre. So gut ich konnte, hab ich mit meiner Hippe ein Loch gegraben, kam aber wegen der vielen Baumwurzeln nicht sonderlich tief. Dann habe ich den Soldaten reingelegt und ihn mit einer Schicht Erde bedeckt. Abgenommen hab ich ihm nur die Pistole, die Jack jetzt am Gürtel trägt.«

»Von einem Fallschirm, der bei dem Soldaten gefunden wurde, hat man im Dorf aber nichts gehört«, sagte Michiel.

»Vielleicht hat jemand schon früher die Leiche gefunden und ihn an sich genommen«, überlegte Erica. »Fallschirmseide ist sehr begehrt.«

»Könnte gut sein«, meinte Michiel.

»Dass ich Jack danach zu einem untergetauchten Arzt gebracht hab, wisst ihr schon, und hinterher hab ich ihn mühsam bis zur Höhle geschleppt«, schloss Dirk seine Geschichte. »Ein paar Wochen später saß ich bereits in Haft. Jetzt wisst ihr Bescheid. Und ich auch: Ich hätte mich stellen müssen.«

Die Atmosphäre war nach wie vor gespannt, sowohl zwischen Michiel und Dirk wie auch zwischen Erica und Jack. Das Thema »Schuld« war jedoch nach allem, was Dirk berichtet hatte, vom Tisch, denn kein vernünftig denkender Mensch konnte ihm und Jack vorwerfen, falsch gehandelt zu haben – Jack am allerwenigsten, weil er so übel dran gewesen war, dass er das

Ganze nur am Rande mitbekommen hatte. *Und Dirk verdient im Grunde eine Medaille für seinen Mut und seine Entschlossenheit,* dachte Michiel. Trotzdem stand nun der Tod seines Vaters zwischen ihnen. *Alles, was am Krieg heldenhaft und ehrenwert erscheint, hat einen bitteren Beigeschmack,* überlegte er. *Mein Vater hatte recht: Der Krieg hat absolut nichts Abenteuerliches an sich.*
Michiel hatte Dirk und Jack versichert, es tue ihm und Erica leid, dass sie so panisch davongelaufen seien, Dirk habe alles richtig gemacht, und wenn es überhaupt einen Schuldigen gäbe, sei es derjenige, der den Fallschirm an sich genommen hatte, wobei er wohl eher unverantwortlich oder gedankenlos gehandelt habe. Zumindest aber hätte er melden können, dass die Leiche in einem Fallschirm eingewickelt war.
Michiel und Erica hatten Dirk beschworen, er solle bloß aufhören, sich Vorwürfe zu machen, und sie hatten sogar über Jack gewitzelt, der unbedingt Liebespaare im Wald aufstöbern musste.
Es braucht Zeit, dachte Erica auf dem Rückweg, *viel Zeit. Irgendwann werde ich mich damit abfinden. Schließlich ist Jack derselbe geblieben, er hat nichts falsch gemacht.*

Inzwischen waren der Januar und der Februar vergangen. Der Strom der Hungernden aus dem Westen wurde breiter und kam zugleich langsamer voran, denn die Menschen waren schwach und abgemagert. Mittlerweile hatte man noch mehr junge Leute, die noch bei Kräften waren, nach Deutschland verschleppt, andere lebten untergetaucht.

In de Vlank war kein neuer Bürgermeister ernannt worden, und Frau van Beusekom wohnte mit ihren Kindern nach wie vor neben dem Rathaus. Michiel überlegte noch immer, wer der Verräter sein mochte. Immer wieder hatte er den Ablauf der Dinge rekapituliert, jedes Mal war sein Verdacht auf Schafter gefallen und jedes Mal war er sich nicht hundertprozentig sicher.

Eines Sonntagnachmittags unternahm er nach einem Regenguss einen Spaziergang mit Onkel Ben. Sie gingen über die Felder, auf denen der Winterroggen schon hoch stand, und kamen an Weiden mit Färsen vorbei, den einjährigen Kühen, denen die nasskalten Märzböen wenig auszumachen schienen. Onkel Ben brach einen Zweig von einem Holunderbusch. »Die Knospen schwellen«, sagte er. »Es wird Frühling, Gott sei Dank. Die Städter haben diesen Winter wegen des Kohlenmangels bittere Kälte gelitten. Sie haben Holzschuppen abgerissen und in den Anlagen massenhaft Bäume gefällt. Alles nur, um zu Hause den Ofen anzuheizen, damit sie ihre durchgefrorenen Knochen wärmen und eine Suppe aus Tulpenzwiebeln kochen konnten.«

»Aus Tulpenzwiebeln?«

»Ob du's glaubst oder nicht, das ist jetzt eine Delikatesse. Du kennst doch bestimmt die Geschichte von der Belagerung Leidens. Damals haben die Leute Hunde, Katzen und Ratten geschlachtet und um ein Haar auch noch ihren Bürgermeister. Soweit war es diesen Winter noch nicht, aber es hätte nicht viel gefehlt.«

»Tja«, sagte Michiel. Dass im Land große Hungersnot herrschte, wusste er besser als manch anderer. Im Bürgermeisterhaus fanden sich noch immer Abend für Abend viele hohlwangige, erschöpfte Leute ein.

»Was glaubst du? Wann ist der Krieg zu Ende?«

Onkel Ben zuckte mit den Schultern.

»Ich kenne eine Hellseherin, die schon vier Mal den Tag vorhergesagt hat, an dem Hitler kapitulieren wird, und kein einziges Mal hat es gestimmt.«

»Man hört immer wieder, dass es nicht mehr lange dauern kann. Die Alliierten rücken nach Berlin vor und die Russen angeblich auch.«

»Freu dich nicht zu früh«, sagte Onkel Ben. »Hast du je von der Ardennenoffensive gehört?«

»Nein, was ist das?«

»Am 16. Dezember 1944 haben deutsche Truppen unter Leitung von General von Manteuffel mit einer Panzerdivision eine Offensive in den belgischen Ardennen begonnen. Damit hatten die Alliierten nicht mehr gerechnet. Zum Glück ist der Vorstoß misslungen, weil die Deutschen Bastogne nicht einnehmen konnten. Wer weiß, was sonst passiert wäre. Und vergiss nicht ihre Geheimwaffen V1 und V2; immer mehr von diesen Raketen fallen auf London und Antwerpen. Außerdem munkelt man, sie würden Atombomben bauen. Mit einer einzigen dieser entsetzlichen Waffen kann man eine ganze Großstadt dem Erdboden gleichmachen.«

»Haben die Amerikaner denn keine Geheimwaffen?«

»Das weiß ich nicht, aber ich hoffe es.«

Eine Weile schwiegen sie. *Onkel Ben meint also, der Krieg dauert noch eine Weile*, dachte Michiel, *dann kann Schafter – oder wer auch immer der Verräter ist – noch jede Menge Unheil anrichten ...*

»Ich wüsste gern, wie man herausfindet, ob jemand ein Verräter ist«, sagte er unvermittelt.

»Ein Verräter? Wer?«

»Jemand hier im Dorf.«

»Und was hat er verraten?«

»Tut nichts zur Sache.«

»Ich hatte mal ein ähnliches Problem«, sagte Onkel Ben.

»Und wie hast du es gelöst?«

»Es ging um einen Mann in meiner Widerstandsgruppe, dem ich nicht traute. Eines Tages habe ich, wie aus Versehen, einen Zettel herumliegen lassen, auf dem stand, eine bestimmte Familie halte Juden versteckt. Prompt standen am nächsten Tag deutsche Soldaten vor der Tür.«

»Und die Juden?«, fragte Michiel.

»Dort wohnten natürlich keine, denn ich hatte Leute ausgesucht, von denen ich wusste, dass sie deutschenfreundlich sind. Aber für mich war der Fall damit klar.«

»Was hast du dann gemacht?«

»Tut nichts zur Sache«, sagte Onkel Ben nun seinerseits und lachte in sich hinein.

Das könnte ich auch bei Schafter versuchen, überlegte Michiel. Wie aber sollte er ihm die fingierte Information zukommen lassen? Er könnte einen Brief schreiben und sich auf die Lauer

legen, bis Schafter das Haus verließ und ihn dann unbemerkt einwerfen. Aber was sollte er schreiben?
Sehr geehrter Herr Schafter, hiermit teile ich Ihnen mit, dass Frau X Juden Unterschlupf bietet. Hochachtungsvoll, Michiel van Beusekom
Nein, das war Quatsch! Er würde den Brief natürlich anonym verfassen, sodass ihm kein Schaden entstehen konnte. Fragte sich nur, wen er in dem Schreiben ›anschwärzen‹ sollte. Er war bei keiner Familie im Dorf sicher, dass sie durch und durch deutschenfreundlich war.
»Wie findet man heraus, ob jemand auf Seiten der Deutschen steht?«, überlegte er laut.
»Tja, das ist nicht einfach«, meinte Onkel Ben. »Hast du nicht mal erwähnt, ein gewisser Schafter würde sich ständig bei den Deutschen anbiedern?«
»Hab ich, aber ganz sicher weiß ich es nicht«, sagte Michiel, der sich keinesfalls aufs Glatteis locken lassen wollte. »Mal angenommen, er beherbergt doch Juden, dann würde ich mir das nie verzeihen.«
»Hmmm ...« Onkel Ben versank in minutenlanges Schweigen. »Es muss ja nicht um Juden gehen«, sagte er schließlich. »Du könntest auch etwas anderes behaupten, zum Beispiel, dass sich im Gebäude des Grünen Kreuzes, schräg gegenüber von eurem Haus, ein geheimes Waffenlager befindet. Meines Wissens steht das Haus leer, also schadet es keinem, wenn die Deutschen dort einfallen.«
Michiel hatte Onkel Ben schon immer für einen schlauen Fuchs gehalten, aber diese Idee war geradezu genial.
»Großartig«, sagte er. »So mach ich's. Ich schicke demjenigen, den ich verdächtige, eine anonyme Mitteilung und warte dann ab, was passiert.«

Onkel Ben warf ihm einen Seitenblick zu.
»Sag mal, junger Freund«, erkundigte er sich, »ich will mich nicht in deine Angelegenheiten einmischen, aber meinst du nicht, dass du für solche Geschichten ein bisschen zu jung bist?«
»Bin ich nicht«, sagte Michiel empört. »Ich bin sechzehn!«
»Potztausend, was für ein Alter!«, sagte Onkel Ben. »Wenn ich genau hinschaue, scheint mir, du wirst schon grau an den Schläfen.«
Michiel trat gegen einen Baumstamm, sodass Onkel Ben, der vor ihm ging, einen Tropfenregen auf den Kopf bekam.

Zu Hause setzte er sich sofort an seinen Schreibtisch. Nach ein paar missglückten Formulierungsversuchen stand auf dem Papierbogen: »Die Besatzer sollten wissen, dass in dem Gebäude des Grünen Kreuzes Waffen versteckt sind. W.« Das W. war reine Tarnung, und Michiel hatte, so gut es ging, seine Handschrift verstellt.
Gegen Abend wollte er Onkel Ben den Brief zeigen, doch der war in Eile, weil er dringend wegmusste. Egal, sagte Michiel sich, vielleicht ist es besser so.
Am nächsten Vormittag machte er sich auf den Weg zu Schafters Haus. Er hatte vor, sich in einiger Entfernung im Gebüsch zu verstecken. Als er aber beim Krämer vorbeikam, sah er Schafter im Laden stehen. Sehr gut! Jetzt schnell weiter, bevor er mit dem Einkaufen fertig war.
Bei Schafters Haus angekommen, sah Michiel sich mehrmals verstohlen um. Kein Mensch war in der Nähe.
Rasch ging er durch den Vorgarten, und Sekunden später lag der Brief im Kasten. Selbst wenn ein Nachbar ihn gesehen ha-

ben sollte, wäre das nicht weiter schlimm, denn keiner redete gern mit Schafter; er wurde gemieden, als hätte er eine ansteckende Krankheit.

Danach hieß es Warten. Die ersten vierundzwanzig Stunden behielt Michiel das Gebäude des Grünen Kreuzes im Auge. Immer wieder ging er ans Fenster und hielt Ausschau. Aber Fehlanzeige.

Eine geschlagene Woche lang tat sich absolut nichts, kein deutscher Soldat schien sich für das Haus zu interessieren.

Jetzt bin ich so klug wie vorher, dachte Michiel. *Entweder ist Schafter nicht der Verräter, oder er hat die Sache durchschaut und fällt nicht darauf herein.*

Onkel Ben tauchte wieder für einen Tag auf und erkundigte sich, was aus Michiels Vorhaben geworden war.

»Nichts«, brummte Michiel vor sich hin.

Eine weitere Woche verging, wenn auch nicht ganz ereignislos: Über der Kaserne wurden Bomben abgeworfen, die jedoch allesamt auf der angrenzenden Wiese einschlugen.

Doch dann, fünfzehn Tage, nachdem Michiel den Brief eingeworfen hatte, passierte es: Am Nachmittag hielt ein Überfallwagen vor dem Gebäude des Grünen Kreuzes. Fünf Soldaten stiegen aus und traten die Tür ein.

Michiel sah es von der Wohnstube aus.

»Was gibt's zu gucken?«, fragte seine Mutter.

»Die Deutschen haben beim Grünen Kreuz die Tür eingetreten.«

Frau van Beusekom trat ebenfalls ans Fenster. »Was wollen die dort? Das Haus steht doch schon seit drei Jahren leer.«

»Keine Ahnung«, sagte Michiel, aber es klang so triumphierend, dass seine Mutter ihn forschend musterte.

Eine halbe Stunde lang blieben die Soldaten im Haus, dann stiegen sie wieder in ihren Wagen und fuhren davon. Die Haustür ließen sie halb offen.

Morgen geh ich zu Dirk, dachte Michiel. Er hatte sich vorgenommen, ihm erst von seinem Plan zu erzählen, wenn er geglückt wäre. Und nun war es so weit. Nun bestand kein Zweifel mehr, dass Schafter der Verräter war, und Dirk konnte sich überlegen, wie er mit ihm abrechnen wollte.

Vor einiger Zeit hatten ein paar Frauen aus dem Dorf ein Hilfskomitee gegründet. Ihr Ziel war, den Gestrandeten, Kranken und Verwundeten, die zum Weitermarsch zu entkräftet waren, für ein paar Tage Unterkunft und Pflege zu bieten. Erica hatte sich dem Komitee angeschlossen, und weil sie sich mit großem Eifer einsetzte und außerdem ein wenig von Krankenpflege verstand, hatte sie sich bald unentbehrlich gemacht. Auf diese Weise war sie den ganzen Winter über problemlos an Verbandsmaterial für Jack gekommen. Zusätzlich zu dem Notkrankenhaus hatte das Komitee in einem leerstehenden Vereinsheim eine Art Pension eingerichtet. Auf dem Boden war eine dicke Lage Stroh ausgebreitet, und wer kein Obdach fand, konnte dort übernachten.
Jeden Abend von sieben Uhr an war Erica dort, stach Blasen auf und hantierte mit Desinfektionspuder, Salbe und Pflaster. Michiel holte sie meist kurz vor acht ab, damit sie nicht allein durch die Dunkelheit gehen musste. In dem oft übervollen Saal herrschte eine besondere Atmosphäre; einerseits spürte man deutlich die Verzweiflung der Menschen, aber zugleich auch, dass sie froh und dankbar waren, für eine Nacht Geborgenheit zu finden.

Nur auf dem kleinen Podium, auf dem Erica und die anderen Frauen sich der Fußkranken annahmen, brannten ein paar Kerzen, ansonsten war der Raum dunkel; dass sich viele Menschen darin aufhielten, merkte man lediglich am Rascheln des Strohs.

Um viertel vor acht kam für gewöhnlich der Pfarrer. Er ging durch den Mittelgang auf das Licht zu, vorsichtig, um nicht auf ausgestreckte Gliedmaßen zu treten, setzte sich neben die Frauen und las, während diese weiter ihre Patienten verarzteten, ein paar Verse aus seiner Taschenbibel vor. Danach hob er den Blick und sprach in den Saal mit den für ihn nicht sichtbaren Zuhörern.

»Ihr Leute, ich sehe euch nicht, aber ich weiß und ich fühle ganz genau, dass ihr da seid. Wir alle brauchen einander in Zeiten wie diesen ...«

Manchmal ging Michiel etwas früher hin um zuzuhören. Anders als im Sonntagsgottesdienst, der ihn meistens langweilte, sprach der Pfarrer nicht über die Menschen hinweg, sondern *mit* ihnen, denn es war, als würden sie mit ihrem Atmen und Rascheln antworten.

Und immer wieder wunderte Michiel sich, dass nie jemand aus dem Dunkel rief: »Mensch, was soll das fromme Geschwätz?«, oder: »Ich bin Katholik und will nicht hören, was ein evangelischer Pfarrer sagt.« Im Gegenteil: Wenn er wieder ging, drückten die Leute ihm die Hand oder fassten einen Zipfel seiner Jacke und sagten: »Danke, Herr Pfarrer, dass Sie gekommen sind.« Einmal bat ein Mann ihn um eine Seite aus der Bibel, eine einzige nur. »Ich war mein Leben lang ungläubig«, sagte er, »aber jetzt möchte ich gern etwas von Gott bei mir tragen.«

Michiel konnte es nicht erklären, aber er hatte immer das Gefühl, dass die Menschen, die sich im Saal eingefunden hatten, zufrieden waren. Ob es an der großen Erschöpfung lag und sie einfach froh waren, ihre müden Glieder auf dem Stroh ausstrecken zu können? Oder fühlten sie sich aufgehoben und getröstet im Kreise vieler anderer, die es ebenso schwer hatten wie sie? Dabei litten sie Hunger, waren weit weg von zu Hause und mussten am nächsten Tag wieder weiter, sich vor Flugzeugen in Sicherheit bringen und am Abend aufs Neue nach einer Unterkunft suchen.

Michiel dachte daran, dass sein Vater zwar recht hatte, als er einmal sagte, Krieg bedeute Hunger, Tränen, Entbehrungen, Angst und Schmerz und sei vollkommen sinnlos; dennoch hatte er an jenen Abenden das Gefühl, dass der Krieg ihn auch etwas lehrte, etwas, das ihn sein ganzes künftiges Leben lang begleiten würde.

Am Abend, nachdem das Gebäude des Grünen Kreuzes durchsucht worden war, wollte Michiel sich gerade auf den Weg machen, um Erica abzuholen, da klingelte es. Er öffnete und rechnete mit einem späten Übernachtungsgast, aber vor ihm stand Schafter.

»Herr Schafter ... kommen Sie doch rein«, stammelte er.
»Nein danke«, sagte Schafter.
»Kann ich etwas für Sie tun?«
»Ja, zuhören! Du hast bei mir einen Brief eingeworfen. Keine Ahnung, was du damit bezweckt hast, jedenfalls passt es mir nicht. Heute Nachmittag ist das Gebäude des Grünen Kreuzes durchsucht worden, weil dort angeblich ein Waffenlager sein soll, aber man hat nichts gefunden.«

»Wie kommen Sie darauf, dass der Brief von mir stammt?«
»Das weiß ich.«
»Woher?«
»Geht dich nichts an. Ich schätze, du hältst mich für einen Verräter. Ich dich nicht, und deshalb wundert's mich nicht, dass beim Grünen Kreuz keine Waffen gefunden worden sind. Ich versichere dir hiermit, dass ich den Deutschen noch nie auch nur das Geringste zugetragen habe.«
»Aber ... aber die Durchsuchung beim Grünen Kreuz ... warum haben sie die dann gemacht?«
»Eben darum geht's«, sagte Schafter. »Du hast daraus einen Schluss gezogen, und zwar einen falschen. Ich weiß nicht, warum sie das Haus durchsucht haben. Aber eins weiß ich ganz genau: Nämlich dass ich deinen dusseligen Schrieb in den Ofen gesteckt und keinem Menschen davon erzählt habe. Keinem! Hast du verstanden?«
»Nein ... äh ... ja«, stotterte Michiel.
»N'Abend.« Mit einer abrupten Bewegung drehte Schafter sich um und verschwand im Dunkeln.
Statt Erica abzuholen, ging Michiel auf sein Zimmer um nachzudenken. Eine ganze Weile saß er auf der Bettkante und starrte vor sich hin, weil er, wie so oft in den letzten Monaten, einfach nicht verstand, wie die Dinge zusammenhingen. Woher wusste Schafter, dass *er* den Brief gebracht hatte? Das hatte doch kein Mensch mitbekommen. Und er war sich ganz sicher, Schafter beim Krämer gesehen zu haben. Irgendein Passant? Nein, er hatte sich doch mehrfach nach allen Seiten umgeschaut, aber da war niemand gewesen. Dass er etwas übersehen hatte, war höchst unwahrscheinlich. Und die Nachbarn kamen auch nicht in Frage, denn Schafter hatte garantiert

nicht die Häuser abgeklappert und herumgefragt, ob jemand den Überbringer eines Briefes gesehen habe. Schon gar nicht eines *solchen* Briefes.

War er denn so ein Tollpatsch, dass die Dinge bei ihm immer wieder schiefgingen? Dabei sagte man ihm doch nach, er sei verschlossen wie eine Auster. Von seinen Eltern wusste er, dass er schon als knapp Vierjähriger Geheimnisse für sich behalten konnte, und Erica warf ihm seit Kindesbeinen vor, er würde »nie etwas erzählen«. Trotzdem schien es, als würde alles, was er tat, von allen Menschen um ihn herum registriert – nun ja, jedenfalls von Schafter. Hatte der Mann das zweite Gesicht? Konnte er hellsehen?

Sein Trick war jedenfalls gründlich misslungen, das stand fest. Und solange noch Fragen offen waren, konnte er Dirk nicht bestätigen, dass Schafter der Verräter war.

Deprimiert ging er wieder nach unten.

»Wer war denn vorhin an der Tür?«, fragte seine Mutter.

»Der Weihnachtsmann«, sagte Michiel grantig.

»Es gibt keinen Grund, frech zu werden, Michiel!«

»Entschuldige, Mutter. Es war jemand, der ein Nachtquartier brauchte. Ich hab ihn ins Vereinsheim geschickt.«

Die Lügen gingen ihm derzeit leicht über die Lippen, er brauchte gar nicht mehr groß zu überlegen.

»Wolltest du nicht Erica abholen? Sie hat die Kneifkatze nicht mitgenommen.«

Michiel sah auf die Uhr. Zwei Minuten vor acht, das reichte gerade noch. Er lief los und drückte dabei wütend den Hebel der Taschenlampe, als wäre die an allem schuld.

Zehn Tage vergingen. Am 1. April war niemand zu Scherzen aufgelegt. In der Zeit darauf mehrten sich die Gerüchte, dass die alliierten Truppen bald da wären, und man spekulierte, wann Hitler endlich aufgeben würde. Denn dass der Krieg auf sein Ende zuging, stand fest.
Erica und Michiel versuchten, Jack auszureden, dass er zu seinem Geschwader zurückmüsse. Er war ungeduldig, weil er sich wieder gesund fühlte und nach dem langen Winter, den er untätig in der Höhle verbracht hatte, eine unerträgliche Unruhe in sich empfand.
»Ich muss wieder im Krieg teilnehmen«, sagte er. »Ohne mich sie schaffen das nicht, wetten?«
»Warum solltest du das denn jetzt noch riskieren? Der Krieg ist doch bald aus, das sagen alle«, wandte Michiel ein.
»Bleib lieber bei uns, Jack«, sagte Erica, »damit wir alle zusammen die Befreiung feiern können. Außerdem möchte ich dich gern meiner Mutter vorstellen.«
Aber Jack hielt es nicht mehr im Wald. Er wurde launisch und auch unvorsichtig. Eines Tages kauerte er hinter einem Gebüsch außerhalb der Schonung und jagte Michiel einen Riesenschrecken ein, indem er plötzlich die Pistole auf ihn richtete und »Hände hoch!« rief.
Er amüsierte sich köstlich über Michiels entsetzten Blick, der jedoch wurde zornig: »Mit so was treibt man keinen Spaß!«, sagte er. »Wir spielen hier schließlich nicht Pfadfinder auf einem englischen Militärübungsplatz. Erst gestern sind in

Harderwijk zwölf Leute erschossen worden. Der Krieg ist noch nicht vorbei. Im Gegenteil: Je länger er dauert, desto mehr Vergnügen finden die Moffen daran, Geiseln und politische Gefangene hinzurichten.«
»Tut mir leid«, sagte Jack schuldbewusst.
Michiel kam nach diesem Vorfall zu dem Schluss, dass es wohl doch besser wäre, wenn Jack ging. Er sprach mit Erica darüber, die zunächst nichts davon wissen wollte, doch als Michiel meinte, Jack würde womöglich irgendwelche Dummheiten begehen, weil er es in seinem Versteck nicht mehr aushielt, willigte sie ein.
»Aber wie stellen wir es an, dass er unbehelligt nach Nord-Brabant kommt?«, fragte sie.
»Onkel Ben«, sagte Michiel.
»Onkel Ben?«
»Er ist im Widerstand und hat mir mal erzählt, dass sie englische Piloten außer Landes schleusen, amerikanische und kanadische natürlich auch. Entweder über Spanien oder per Schiff über die Nordsee. Wenn jemand eine Möglichkeit weiß, wie Jack ins befreite Gebiet gelangen kann, dann er.«
»Hast du ihm denn von Jack erzählt?«
»Nein, bisher war das nicht nötig. Aber ich spreche ihn darauf an, sobald er kommt.«
»Wenn's denn sein muss«, sagte Erica ergeben. »Obwohl ich es besser gefunden hätte, wenn Jack bis zur Befreiung geblieben wäre.«

Als Onkel Ben eine knappe Woche später wieder auftauchte, trug Michiel ihm bei erster Gelegenheit sein Anliegen vor.
Onkel Ben runzelte die Stirn.

»Soll das etwa heißen, du hältst einen englischen Piloten versteckt?«, fragte er.
»Das heißt es.«
»Wie lange schon?«
»Etwa ein halbes Jahr.«
»Und wie ist es dazu gekommen?«
»Das spielt jetzt keine Rolle mehr«, sagte Michiel.
Onkel Ben nahm ihn streng ins Visier.
»Hör zu, Michiel, du verlangst von mir, dass ich etwas Illegales tue. Wenn ich dabei erwischt werde, stellt man mich ohne Pardon an die Wand. Das gibt mir doch wohl das Recht, ein paar Fragen zu stellen. Erzähl mir also, woher er kommt, wo er abgestürzt ist, wie er bis jetzt versorgt wurde, wen er kennt und so weiter.«
»Wenn's nicht anders geht ...«
Höchst ungern brach Michiel sein Schweigen über alles, was Jack betraf. Er sah aber ein, dass Onkel Bens Fragen berechtigt waren. Also erzählte er, dass Dirk den jungen Piloten gefunden, versteckt und versorgt hatte. Dass er es war, der den deutschen Soldaten im Wald getötet hatte, behielt er für sich. Er berichtete auch von dem Brief, wie er nach Dirks Verhaftung in die Sache hineingeraten und dass später auch noch Erica dazugekommen war.
Onkel Ben legte ihm die Hand auf die Schulter.
»Du hast ganze Arbeit geleistet«, sagte er. »Ich bin wirklich stolz auf dich.«
Michiel wurde rot. Bisher hatte er immer nur seine Unzulänglichkeiten gesehen; dass er auch Lob verdiente, war ihm nie in den Sinn gekommen.
»Und wo ist das Versteck?«, fragte Onkel Ben.

»Das sag ich lieber erst im letzten Moment, wenn du seine Flucht vorbereitet hast. Du könntest ja gefasst werden, und dann ist es besser, du weißt möglichst wenig.«

Onkel Ben lächelte anerkennend. »Du bist erstaunlich reif für dein Alter, mein Junge. Die meisten Leute plaudern mehr aus, als gut ist, vermutlich aus Geltungssucht. Selbstsichere Menschen mit einem starken Charakter haben so was nicht nötig. Ob andere ihr Tun und Lassen billigen, kümmert sie nicht. Dann werde ich also die Dinge in die Wege leiten. Ein paar Punkte müssen wir aber noch besprechen. Was für Kleidung trägt der Pilot?«

»Die Reste seiner Uniform und eine uralte Jacke. Lumpen eigentlich.«

»Also braucht er einen unauffälligen Straßenanzug. Kannst du einen für ihn besorgen, vielleicht aus dem Kleiderschrank deines Vaters?«

Michiel nickte.

»In meinem Koffer hab ich einen Fotoapparat«, fuhr Onkel Ben fort. »Ich hol ihn gleich, denn du musst ein Passfoto für den falschen Ausweis machen.«

Als Onkel Ben mit dem Apparat wieder da war, erklärte er Michiel genau, wie man ihn bedienen musste, und ließ ihn jeden Schritt mehrfach wiederholen, damit ihm auch ja kein Fehler unterlief.

»Kannst du es so einrichten, dass ich den Apparat spätestens morgen Nachmittag wieder habe?«

»Ich denke schon.«

»Sehr schön. Dass der Pilot auf dem Foto Zivilkleidung tragen muss, brauche ich wohl nicht extra zu sagen, oder?«

»Hmmm. Vielleicht doch gut, dass du es erwähnst.«

»Gut, dann haben wir das Foto am Mittwoch«, murmelte Onkel Ben. »Donnerstag wird es entwickelt, am Wochenende kümmere ich mich um den Ausweis und organisiere die Fluchtroute. Wenn alles hinhaut, kann ich den Piloten am Montag zu einem Kontaktmann bringen, der ihn dann weiterschleust.«
»Montag schon ...« Michiel wurde ein bisschen weh ums Herz.
»Ja, das müsste klappen.«

Michiel ging sogleich ins Elternschlafzimmer. Die Sachen seines Vaters würden Jack, der sehr schlank war, viel zu groß sein. Aber egal, mit einer schmal geschnittenen Jacke und einer Hose mit Gürtel zum Engerschnallen müsste es gehen. Schließlich waren im Krieg viele Menschen abgemagert, sodass es nicht ungewöhnlich war, wenn jemand zu weite Sachen trug.
Plötzlich kam Mutter ins Zimmer. Sie blieb stehen, als sie die Kleider auf dem Bett liegen sah und sagte: »Michiel, was ...«, brach dann aber ab, ging aus dem Raum und schloss die Tür.
Mit einem Mal wurde Michiel klar, dass er seiner Mutter recht ähnlich war: Auch sie konnte schweigen. Ihr Schweigen aber bedeutete, keine Fragen zu stellen, und das schien ihm weit schwieriger, als nichts zu erzählen.

Das Fotografieren bereitete keine Probleme, und Jack war ganz aufgekratzt, als er hörte, dass er schon am kommenden Montag das Versteck würde verlassen können.
Dirk wirkte fast ein wenig neidisch. Er hatte sich einigermaßen erholt und wollte nichts lieber, als seine Freunde vom Widerstand zu unterstützen, aber da er so schlecht zu Fuß war, wäre er ihnen eher eine Last als eine Hilfe gewesen.

»Dein Onkel Ben, ist auf den Verlass?«, fragte er Michiel. »Hat der so was schon öfter gemacht?«
»Er macht seit Jahren nichts anderes«, antwortete Michiel.
»Wenn jemand für Jacks Sicherheit garantieren kann, dann er.«

Michiel hatte entschieden, dass Erica Onkel Ben zum Versteck bringen sollte. Anfangs hatte er es selbst tun wollen, doch dann hatte Ericas betrübte Miene ihn bewogen, diesen Gang ihr zu überlassen; schließlich hatte sie eine ganz andere Beziehung zu Jack als er.
Am Sonntag war er selbst hingegangen, um sich zu verabschieden.
»Gleich nach der Befreiung ich besuche euch«, hatte Jack versprochen. »Und Michiel: Danke, dass du hast mein Leben gerettet.«
»Ach was ...«
»Doch. Ohne Dirk und dich und Erica ich hätte keine Chance gehabt für Überleben. Später, wenn ich bin Premierminister von England, ihr könnt sagen: Ohne uns England jetzt würde nicht so gut regiert.«
»Lebwohl, Jack. Und denk dran, du musst dich genau an Onkel Bens Anweisungen halten, damit nichts schiefgeht.«
Ein fester Händedruck, ein letzter Blick ... und das war's.

Am Montag brachen Onkel Ben und Erica zum Dagdaler Wald auf. Erica würde sich am Rand der Schonung, wo Jack im Gebüsch warten sollte, von ihm verabschieden und auf einem Umweg nach Hause kommen.
Onkel Ben und Jack wollten durchs Dorf gehen, am helllichten Tag und inmitten des Stroms der Städter, so würden sie am

wenigsten auffallen. Falls man sie dennoch anhielte, sollte Jack seinen falschen Ausweis vorzeigen und erbärmlich stottern, woraufhin Onkel Ben erklären würde, dass der junge Mann leider einen Sprachfehler habe. Der Plan war gut, eigentlich konnte nichts schiefgehen.

Michiel trottete hinter den Schuppen und begann, Holz zu hacken. Hin und wieder warf er einen Blick auf die Kirchturmuhr. Die Minuten krochen dahin. Jetzt müssten Onkel Ben und Erica langsam bei der Schonung angekommen sein ... nein, eher noch nicht ...

Die Aprilsonne kitzelte ihn im Nacken. Er legte das Beil auf den Boden und setzte sich auf den Hackklotz, den Rücken an die Schuppenwand gelehnt. Die schlimmen Ereignisse und die ganze Anspannung der letzten Monate steckten ihm in den Knochen. Wenigstens die Verantwortung für Jack musste er jetzt nicht mehr tragen, aber irgendwie würde ihm das auch fehlen.

Michiel schloss die Augen, hielt das Gesicht in die Sonne und genoss die Wärme.

Er hatte das Gefühl, kurz eingenickt zu sein, als er plötzlich Jochems Stimme hörte. Deutlich und ganz nah, als stünde der kleine Bruder neben ihm.

Es dauerte ein wenig, bis ihm klar wurde, dass die Stimme aus dem Schuppen kam.

Das Brett, gegen das er den Kopf lehnte, war locker und etwas nach innen verschoben, sodass ein kleiner Freiraum entstanden war. Beim flüchtigen Hinsehen fiel er nicht auf, weil die Bretter sich ein Stück überlappten.

Jochem sprach mit seiner Mutter – Michiel konnte jedes einzelne Wort verstehen.

»Hier hab ich doch schon geguckt«, quengelte Jochem ungeduldig. »Sie ist nicht da.«
»Hast du denn im Schuppen gespielt?«
»Ja, eine ganze Weile.«
»Bist du auch bei Joost gewesen?«
»Weiß nicht mehr. Doch. Gestern, glaub ich.«
»Dann hast du deine Jacke bestimmt dort liegen lassen. Komm, wir fragen mal nach.« Die Stimmen verklangen.
Michiel, noch leicht benommen von seinem kurzen Schlaf, zuckte plötzlich zusammen wie von der Tarantel gestochen. Die Augen vor Schreck weit aufgerissen, saß er regungslos da. Die Stimmen im Schuppen ... Schlagartig hatte er die Wahrheit erkannt, so sicher, dass es keinen Zweifel mehr geben konnte. Er biss sich auf die Innenseite seiner Wange, um die Starre zu lösen, die ihn befallen hatte.
Dann rannte er zu seinem Rad, schwang sich auf den Sattel und fuhr so schnell wie noch nie in seinem Leben. Hoffentlich schaffte er es rechtzeitig!
Mit ratternden Reifen sauste er die Straße entlang, fuhr um ein Haar eine alte Dame, die einen Puppenwagen vor sich her schob, über den Haufen und wich schlingernd dem Mistwagen von Bauer Coenen aus.
Heute war keine Zeit für die gewohnte Vorsicht – es war Michiel herzlich egal, ob jemand ihn zum Dagdaler Wald fahren sah.
Ob sie noch dort waren? Sein Gehirn arbeitete auf Hochtouren, und er sah klar und deutlich vor sich, was er zu tun hatte, wie Bilder eines Films.
In voller Fahrt bog er nach links in den Waldweg ein – und prallte fast mit Onkel Ben und Jack zusammen.

»Liebe Güte, Junge, ist was passiert?«, rief Onkel Ben.
»Jack, hast du deine Pistole bei dir?«, keuchte Michiel.
»Ja, was ist damit?«
»Gib her, schnell!«
Verdutzt zog Jack die Pistole unter seiner Jacke hervor. Michiel griff danach, richtete die Waffe auf Onkel Ben und rief mit sich überschlagender Stimme: »Hände hoch!«
»Was ist denn in dich gefahren?«, fragte Onkel Ben, und auch Jack gab einen Laut des Erstaunens von sich.
»Der Kerl ist der Verräter!«, stieß Michiel hervor. »Er hat Dirk verraten, und auch die Baronin und Bertus. Und mit dir wäre er jetzt schnurstracks zur deutschen Kaserne gegangen!«
»Du bist ja verrückt«, sagte Onkel Ben.
»Vielleicht war ich das«, sagte Michiel. »Aber jetzt bin ich's nicht mehr.«
»Wollen wir zur Höhle zurückgehen?«, schlug Jack vor. »Hier wir sind nicht sicher. Und gib mir die Pistole, Michiel. Ich war in der Ausbildung bester Schütze von meine Einheit.«
»Nur wenn du versprichst, dass du ihn in Schach hältst.«
»Gemacht!«
Jack versetzte Onkel Ben einen Stoß und forderte ihn mit einer Kopfbewegung auf, vor ihm her in die Richtung zu gehen, aus der sie gekommen waren. Zum Glück war weit und breit kein Mensch zu sehen.
»Ich protestiere«, sagte Onkel Ben. »So lasse ich mich nicht behandeln! Michiel redet dummes Zug. Ich bin seit vier Jahren im Widerstand.«
»Da kann man dem Widerstand nur gratulieren«, höhnte Michiel. »Vier Jahre lang einen Judas in den eigenen Reihen! Ich möchte nicht wissen, was du alles angerichtet hast!«

»Glauben Sie ihm nicht«, sagte Onkel Ben zu Jack gewandt. Dann blieb er einfach stehen.
»Wenn ich ein Mensch auf die ganze Welt vertraue, dann Michiel«, sagte Jack. »Los, weiter!« Und er drückte ihm auffordernd die Pistole in den Rücken.
Onkel Ben schimpfte vor sich hin, als es auf allen vieren durch die Schonung ging, doch sein Protest half nichts.
Dirk staunte nicht schlecht, als sie zu dritt in der Höhle auftauchten.
»Hier wir bringen den Kerl, der dich hat verraten. Kostenlos in das Haus geliefert«, sagte Jack und gab Dirk die Pistole.
»Ich hab den Mann noch nie gesehen«, sagte Onkel Ben.
»Stimmt, ich kenne ihn auch nicht«, meinte Dirk zögernd.
»Trotzdem hat er dich verraten und ...«
»Blödsinn!«, fuhr Onkel Ben Michiel ins Wort.
»Wie wär's, wenn wir ihn durchsuchen?«, schlug Michiel vor.
»Gute Idee.«
Wohl oder übel musste Onkel Ben sich eine Leibesvisitation gefallen lassen. Es fanden sich mehr als genug Beweisstücke: eine Karte, die den Inhaber berechtigte, Militärfahrzeuge der Besatzer zu benutzen, eine Liste mit Telefonnummern von deutschen Behörden, ein Brief von einer Bekannten aus Hannover und tatsächlich auch noch ein Schreiben der SS, in dem ein gewisser Herr van Hierden aufgefordert wurde, den englischen Piloten in die Kaserne von de Vlank zu bringen.
»Er heißt van Hierden?«, fragte Jack.
»Jawohl: Ben van Hierden. Seit Jahr und Tag ein guter Freund meiner Eltern. Aber zu dem sag ich mein ganzes Leben lang nie mehr Onkel!«
»Fragt sich nur, ob er noch lange leben wird.«

Dirk musterte Ben, der sich mit dem Handrücken den Schweiß von der Stirn wischte.

»Ihr könnt mir nichts beweisen«, presste er hervor.

»Ach nein?«, sagte Dirk. »Sind die Schriftstücke nicht Beweis genug? Aber jetzt erzähl mal, Michiel, wie du es herausgefunden hast.«

Michiel war noch ziemlich außer sich. Die rasante Fahrt mit dem Rad, die Aufregung und die Wut darüber, dass Onkel Ben ihn nach allen Regeln der Kunst betrogen und verraten, ihn zuletzt sogar schamlos ausgenutzt hatte, hatten ihm das Blut zu Kopfe steigen lassen.

»Die Verzweiflungsscheite ...«, begann er und versuchte fieberhaft, seine Gedanken zu ordnen.

»Ich dachte eigentlich, ich spreche ganz gut eure Sprache«, sagte Jack, »aber von *Verzweiflungsscheite* ich hab noch nie gehört.«

»Heute Morgen hab ich hinterm Schuppen Holz gehackt«, erzählte Michiel. »Dort steht der Hackklotz, und dort liegt auch das Holz. Auf einmal hörte ich Stimmen, ohne jemanden zu sehen. Es waren meine Mutter und Jochem, die im Schuppen nach Jochems Jacke suchten. Ich konnte sie ganz deutlich hören, weil zwischen den Brettern ein Spalt ist. Und da fiel mir plötzlich ein, wie Dirk mir damals den Brief gegeben hat. Das war auch im Schuppen. Und am gleichen Morgen, bloß ein bisschen früher, hatte der da« – er deutete auf Ben van Hierden – »alle Verzweiflungsscheite verfeuert, also die ganz dünnen, trockenen Scheite, die für Notfälle in einer Kiste liegen. Ich hatte ihm gesagt, er solle für Nachschub sorgen, und ich weiß noch, dass ich ihn mit dem Beil hinter den Schuppen gehen sah. Er muss sich auf den Hackklotz gesetzt haben um auszuruhen, genau wie ich heute. Und so konnte er alles hören, was Dirk mir gesagt hat. Nämlich, dass sie bei dem Überfall in Lagezande zu dritt sein würden. Später sind Dirk und der zweite Mann in einen Hinterhalt geraten, der dritte konnte fliehen. Die Moffen wussten aber, dass ein Dritter dabei gewesen war. Und dann hat Dirk mich im Schuppen darum gebeten, einen Brief bei Bertus Schwerhörig abzugeben, falls irgendetwas schiefgehen sollte. Van Hierden hat den Namen gehört, aber er wollte auch den Brief haben. Allerdings wusste er nicht, dass ich ihn im Hühnerstall versteckt hatte.«

Ben van Hierden starrte ihn an.

»Das hättest du nicht gedacht, was?«, sagte Michiel spöttisch und fuhr dann fort: »Am gleichen Abend hat er nämlich in meinem Zimmer rumgeschnüffelt. Als ich dazukam, behauptete er schnell, er habe in meinem Wörterbuch was nachschlagen wollen: das englische Wort für Dynamit. Er hätte besser nachgeguckt, was Verräter auf Englisch heißt.«

»Traitor«, sagte Jack beflissen.

»Mann, du bist ja ein echtes Sprachgenie«, sagte Dirk.

»Soll ich nun weitererzählen oder nicht?«, fragte Michiel.

Dirk und Jack nickten.

»Es irritiert mich, wie Sie da mit der Pistole herumspielen«, sagte Ben van Hierden zu Dirk. »Womöglich löst sich ein Schuss ...«

»Wäre nicht die schlechteste Lösung«, meinte Dirk düster. »Aber ich hätte tatsächlich gern die Hände frei. Kommt, wir fesseln ihn.«

Fünf Minuten später hatten sie van Hierden die Hand- und Fußgelenke zusammengebunden, und Michiel setzte seine Erzählung fort.

»Als er nichts finden konnte, hat er sich vermutlich entschlossen, erst mal einen Tag abzuwarten, dann wäre der Brief bestimmt bei Bertus. Denn er musste ja davon ausgehen, dass ich ihn am nächsten Tag hinbringen würde.« Und mit einem Seitenblick auf van Hierden fügte er hinzu: »Und jetzt willst du bestimmt wissen, warum ich das dann doch nicht getan hab, stimmt's?«

Keine Antwort.

»Ich hatte an dem Tag dauernd Pech«, erklärte Michiel. »Ich habe euch ja schon erzählt, dass Schafter sich an meine Fersen geheftet hatte, sodass ich erst einmal nach Lagezande fahren musste, und später hat er mich nochmal auf dem Weg dorthin gesehen. Aber daraus konnte er nicht schließen, dass ich eigentlich zu Bertus wollte. Das war also doch Zufall, du hattest recht, Dirk.«

»Aber er hat doch den Deutschen den Weg zu Bertus gezeigt«, wandte Dirk ein.

»Vielleicht, weil sie ihn nach dem Driekusmansweg gefragt haben. Und der ist ja nicht geheim. Auch wenn Schafter deutschenfreundlich ist, Bertus kann er auf keinen Fall verraten haben, denn von Bertus wusste nur der da! Und dann die Sache mit der Koppler Fähre: Als ich die beiden Rotterdamer rübergebracht hatte, kam van Hierden abends vorbei. Weil er länger weg gewesen war, wusste er noch nicht, dass mein Vater tot war. Er hat sich so verzweifelt gegeben, dass ich, um ihn aufzumuntern ...«

»Meine Verzweiflung war echt«, sagte Ben van Hierden. »Ich habe deinen Vater immer gemocht.«

»Dann wäre es besser gewesen, das den Deutschen zu sagen. Bestimmt hätte es geholfen.«

»Aber gerade deswegen war ich ja so verzweifelt. Weil ich es versäumt hatte, dem Kasernenkommandanten zu sagen, dass er den Bürgermeister in Ruhe lassen soll.«

»Und der Gemeindesekretär und der Tierarzt und die anderen, die waren dir egal!?«, fuhr Michiel ihn an. »Die durften ruhig erschossen werden, was? Weißt du eigentlich, dass die Frau des Gemeindesekretärs in einer Psychiatrischen Anstalt ist? Sie wird nie darüber hinwegkommen.«

Schweigen.

»Also, um ihn aufzumuntern, war ich unvorsichtig und hab erzählt, wie die Baronin den Moffen ein Schnippchen schlägt. Ihr wisst ja, was dann passiert ist: Am nächsten Tag standen Soldaten bei ihr vor der Tür. Und ich hab in meiner bescheuerten Dummheit wieder Schafter verdächtigt!«

Eine Zeit lang waren alle in Gedanken versunken. Jack versuchte sich damit abzufinden, dass aus seiner Flucht nach Süden nun nichts werden würde. Ben van Hierden suchte fieberhaft nach einer Möglichkeit, aus der heiklen Situation herauszukommen. Dirk grübelte, was sie mit dem Verräter machen sollten, und Michiel fragte sich, was dieser Mann, den er sein Leben lang *Onkel* genannt hatte, zu solch üblen Machenschaften getrieben haben mochte.

»Ich habe darauf geachtet, dass nie irgendein Verdacht auf dich gefallen ist«, wandte Ben van Hierden sich an Michiel.

»Das hätte mich auch stutzig machen müssen. Ein paarmal war ich mir nämlich sicher, dass sie mich holen würden. Warum hast du meinen Namen nie genannt?«

»Weil ich dich sehr gern habe.«

»Vorsicht, Michiel«, warnte Dirk. »Jetzt kommt die Gefühlsmasche.«

»Warum hast du das alles überhaupt gemacht?«, fragte Michiel. »Haben die Deutschen dich dafür bezahlt?«
»Nein«, antwortete van Hierden. Ein fanatisches Leuchten trat in seine Augen. »Ich habe es gemacht, weil Hitler ein großer Staatsmann ist. Er weiß, dass bestimmte Rassen zum Herrschen geschaffen sind und andere zum Dienen. Warum glaubst du wohl, klingt die Bezeichnung Slawen ganz ähnlich wie Sklaven? Die Franzosen, die Italiener und die Spanier taugen auch nichts, und die Juden sind so minderwertig, dass man sie am besten ausrottet.«
Einen Moment lang sah Michiel das fein geschnittene, intelligente Gesicht Jitzchak Kleerkopers vor sich.
»Mit den Engländern ließe sich was anfangen, wenn sie nur nicht so dekadent wären«, fuhr van Hierden fort.
»Thanks.« Jack grinste.
»Aber das bedeutendste Volk, das Herrenvolk, sind die Deutschen. Sie sind groß und blond, sie haben hervorragende Techniker, Wissenschaftler und geniale Komponisten hervorgebracht. Und sie verstehen sich aufs Kämpfen, kein Heer ist so diszipliniert, so ...«
»Maul halten!«, fuhr Dirk plötzlich dazwischen. »Ich kann diesen unsäglichen Mist nicht mehr mit anhören!« Er strich sich über die Narbe, die vom linken Ohr bis zur Nase verlief.
»Was wir machen jetzt mit ihm?«, fragte Jack auf einmal.
»Das überlege ich auch schon die ganze Zeit«, sagte Dirk.
»Im Grund ist da nur ein Möglichkeit«, sagte Jack.
Dirk nickte.
»Michiel, das kannst du nicht zulassen!«, stieß van Hierden hervor.
»Was kann ich nicht zulassen?«

»Dass sie mich ...«
»Wollt ihr ihn erschießen?«, fragte Michiel leise.
Dirk zuckte mit den Schultern. »Fällt dir was Besseres ein?«
Minutenlang herrschte Schweigen in der Höhle.
»Du darfst es tun«, sagte Jack schließlich zu Dirk. »Du hast am meisten gehabt zu leiden.«
»Ich *darf*? Nein, mach du es. Du hast eine militärische Ausbildung.«
»So was hat nicht zu mein Ausbildung gehört«, entgegnete Jack.
»Wir könnten ihn dem Widerstand übergeben«, schlug Michiel vor. »Postma soll entscheiden, was mit ihm geschehen soll.«
»Wie soll das vor sich gehen?« fragte Dirk. »Und vor allem: Wie machen wir Postma klar, dass er ein Verräter ist? Ist es nicht ein unnötiges Risiko, wenn wir andere mit einbeziehen?«
Sie kamen zu keinem Ergebnis, zumal Jack meinte, dass auch Erica ihre Meinung dazu sagen sollte. Schließlich beschlossen sie, eine Nacht darüber zu schlafen. Van Hierden sollte in der Höhle bleiben, auch wenn der Platz für drei Mann reichlich knapp war.
»In ein Cockpit ist auch eng«, sagte Jack. »Und wo wär ich jetzt, wenn Michiel nicht so schnell mit sein Rad gekommen?«
»Dann bis morgen«, sagte Michiel. »Ich rede mit Erica.«
Er kroch durch die Tannen, holte sein Rad und fuhr nach Hause. Bei aller Bitterkeit fühlte er sich doch auch erleichtert, weil die Suche nach dem Verräter, die Zeit der Unsicherheit endlich vorbei war und keine Rätsel mehr gelöst werden mussten. Nun war ihm auch klar, weshalb auf Jacks Brief hin postwendend eine Antwort von seiner Mutter aus England gekommen war: Van Hierden hatte den Deutschen natürlich gesagt, sie dürften dem Roten Kreuz keine Steine in den Weg legen, um

Michiel mit seinen Verbindungen zu beeindrucken. Und ausgerechnet die schnelle Antwort hatte sein Vertrauen natürlich noch bestärkt.

Nur eine Sache bereitete ihm immer noch Kopfzerbrechen: Wie hatte Schafter wissen können, dass der Brief, in dem von Waffen beim Grünen Kreuz die Rede war, von ihm stammte?

Michiel schüttelte den Kopf. Aber so sehr er auch nachdachte, er fand keine Erklärung.

Am nächsten Tag trafen sie sich wieder im Versteck. Auch Erica war dabei, die zutiefst schockiert darüber war, dass ausgerechnet Onkel Ben sich als Verräter entpuppt hatte, und deshalb jeden Blickkontakt mit ihm mied.

Dirk hatte in der Zwischenzeit gründlich nachgedacht und wandte sich nun an die anderen: »Ich halte es tatsächlich für das Beste, wenn wir ihn Postma übergeben. Es könnte ja sein, dass er Dinge weiß, die für den Widerstand wichtig sind, und Postma kann ihn dann in die Zange nehmen. Wenn der Krieg hoffentlich bald vorbei ist, soll er ihn ausliefern, damit er vor ein Gericht gestellt wird. Ich jedenfalls werde dann mit Vergnügen gegen ihn aussagen.«

Michiel hatte den Eindruck, dass Dirk diese Lösung vorschlug, weil er es nicht über sich brachte, den Mann zu erschießen. Und das Gleiche galt wohl für Jack.

»Seid ihr einverstanden?« Dirk ließ den Blick in die Runde schweifen.

Sie nickten.

»Aber wie schaffen wir ihn ins Dorf?«, fragte Michiel.

»Ich geb dir einen Brief, und damit gehst du zu Postma«, sagte Dirk. »Du fragst ihn, ob er bereit ist, zum Dagdaler Wald zu kommen, den Gefangenen zu übernehmen und ihn irgendwo zu verstecken. Ich bring ihn bis zum Waldrand und halte ihn mit der Pistole in Schach.«

»Unmöglich«, sagt Jack. »Deine Hände zittern so, dass du die Pistole nicht kannst halten. Ich mach das.«

»Das halte ich für keine gute Idee. Postma sollte dich besser nicht zu Gesicht bekommen, und ich will auch nicht, dass er erfährt, wo unser Versteck ist. Ich traue ihm zwar, aber je weniger Leute Bescheid wissen, desto besser.«
»Dann mach ich es eben«, sagte Michiel.
»Traust du dir das zu?«
»Klar, warum nicht?«
»Gut, das ist also abgemacht.«
»Wenn die Deutschen mich auf dem Weg zu Postma zufällig anhalten und den Brief finden, sind wir allerdings dran«, sagte Michiel. »Wäre es nicht besser, ich gehe einfach so zu ihm.«
»Er würde dir vielleicht nicht glauben. Aber ich könnte den Brief ja so formulieren, dass kein Uneingeweihter verstehen würde, was drin steht.«
Weil alle mit dem Vorschlag einverstanden waren, schrieb Dirk: *Das Weiße Leghorn hält M. v. B. für absolut vertrauenswürdig.*

Michiel traf Herrn Postma zu Hause an. Nachdem dieser den Brief gelesen hatte, sah er den Jungen forschend an.
»Weißt du, wer das Weiße Leghorn ist?«
Michiel nickte.
»Ist er geflohen?«
»Ja.«
»Gott sei Dank«, sagte Herr Postma. »Wo steckt er jetzt?«
Michiel sah seinem ehemaligen Lehrer wortlos in die Augen.
»Schon gut. Was kann ich für dich tun?«
Mit kurzen Worten erstattete Michiel Bericht. »Und nun möchten wir den Verräter Ihnen übergeben«, schloss er.
Nach kurzem Überlegen erklärte Postma sich bereit, den Mann am nächsten Abend um halb acht am Waldrand abzuholen.

»Wie? Zu Fuß?«, fragte Michiel.
»Ja.«
»Haben Sie keine Angst, er könnte sich unterwegs unter die Leute mischen?«
»Um halb acht dämmert es schon, dann ist kaum mehr jemand draußen. Außerhalb des Dorfes gehe ich mit ihm über die Feldwege. Auf der Straße zum Bahnhof könnten allerdings noch Leute unterwegs sein. Würdest du dich trauen mitzugehen, sodass wir ihn in die Mitte nehmen?«
»Ja.«
»Gut, dann bis morgen Abend.«

Ben van Hierden setzte seine Fluchthoffnungen auf den Moment, wenn er auf dem Wegstück von der Schonung bis zum Waldrand mit Michiel allein war. Jack begleitete sie noch bis zum Weg und übergab dort Michiel die Pistole.
»Wenn er will abhauen, du schießt«, sagte er.
Michiel nickte, obwohl er bezweifelte, dass er auf diesen Mann würde schießen können, den er sein ganzes Leben lang so sehr gemocht hatte.
Er forderte van Hierden auf, ein paar Meter vor ihm her zu gehen, und hielt die Pistole unter seiner Jacke auf ihn gerichtet.
Kaum waren sie außer Sichtweite von Jack, drehte van Hierden sich um.
»Ist es wirklich nötig, dass du mich wie einen Schwerverbrecher behandelst?«, fragte er vorwurfsvoll. »Denk doch an unsere schönen gemeinsamen Spaziergänge früher.«
»Weitergehen«, knurrte Michiel.
Aber Ben van Hierden setzte sich auf einen umgefallenen Baum am Wegrand.

Michiel holte die Waffe unter der Jacke hervor und zielte auf seinen Kopf: »Steh auf oder ich schieße.« Sehr fest klang seine Stimme jedoch nicht.
»Das würdest du nie fertigbringen«, sagte van Hierden. »Dafür waren wir zu lange gute Freunde. Komm, setz dich zu mir, damit wir reden können.«
»Steh sofort auf und geh weiter!« Michiels Stimme zitterte gefährlich.
»Ich will es dir erklären, Michiel«, begann van Hierden aufs Neue. »Weil ich möchte, dass du mich verstehst. Ich halte den Nationalsozialismus für ein sehr gutes System, auch für unser Land und für die ganze Welt. Du brauchst nicht ebenso zu denken, könntest aber akzeptieren, dass jemand diese Meinung aus voller Überzeugung vertritt. Weil das bei mir so ist, habe ich die Pflicht, alles zu tun, was ich kann, um den Deutschen zu helfen, ihr System weltweit zu verbreiten. Damit handle ich nach Ehre und Gewissen, nicht wahr?«
»Nein«, sagte Michiel. »Niemand kann auf Ehre und Gewissen die Pflicht haben, sein Land und sein Volk zu verraten. Du hast zugelassen, dass Willem Stomp erschossen und Dirk Knopper schwer misshandelt wurde.«
Ein Triumphgefühl stieg in van Hierden auf: Er hatte erreicht, dass der Junge mit ihm redete, ihn wieder als Menschen sah. Jetzt würde er garantiert nicht mehr schießen.
»In jedem Krieg passiert viel Schlimmes«, fuhr er fort. »Das finde ich auch nicht gut, natürlich nicht, aber es passiert eben. Oder glaubst du etwa, die Russen und die Amerikaner wären allesamt Engel?«
»Sie kämpfen für eine gerechte Sache«, sagte Michiel. »Aber ich will nicht weiter mit dir reden. Geh jetzt weiter.«

»Was glaubst du wohl, was die Leute vom Widerstand mit mir machen werden? Genau das Gleiche, was Dirk zugestoßen ist. Sie foltern mich so lange, bis ich alles gesagt habe, was sie wissen wollen. Und anschließend erschießen sie mich.«

»Verdient hättest du es«, sagte Michiel, aber zugleich fragte er sich, ob Herr Postma tatsächlich zu solchen Grausamkeiten imstande wäre. Er konnte es sich nicht vorstellen, aber andererseits hätte er auch Onkel Ben nie und nimmer einen Verrat zugetraut.

»Hör zu, Michiel. Dort drüben ist ein Seitenweg, da werde ich jetzt hineingehen«, sagte van Hierden gelassen. »Und du wirst nicht auf mich schießen. Sag nachher einfach, ich hätte fliehen können, weil plötzlich eine deutsche Patrouille aufgetaucht sei. Ich verspreche dir auch, dass du mich nie wieder siehst.«

Er war aufgestanden und ging langsam rückwärts, den Mund zu einem Lächeln verzogen und den Blick fest auf Michiel gerichtet.

Michiel stand reglos da und fühlte sich unfähig, auf den Mann mit dem so vertrauten Gesicht zu schießen.

Er dachte an seinen Vater, an die Baronin, an Dirk und an Bertus. Keinem von ihnen hätte es in irgendeiner Weise geholfen, wenn van Hierden jetzt stürbe. Seine Gedanken gingen zu Jack; er würde zweifellos verhaftet werden, denn van Hierden kannte ja nun das Versteck. Auch Erica und er würden verhaftet, man würde sie beide erschießen …

Noch immer rührte er sich nicht.

… und seine Mutter, sie würde wieder einen Brief bekommen, nein, zwei Briefe diesmal. Mit der lapidaren Mitteilung, ihr Sohn und ihre Tochter seien … Sie würde die Zähne zusammenbeißen und Jochem in den Widerstand schicken …

Die irrsinnige Vorstellung von einem sechsjährigen Jungen im Widerstand brach den Bann. Ben van Hierdens Lächeln verwandelte sich für Michiel zu einem widerlichen Grinsen.
Er hob die Waffe und drückte ab. Der Schuss zerriss überlaut die abendliche Stille im Wald. Die Kugel schlug direkt neben van Hierdens Füßen ein, und er hob automatisch die Hände.
»Und jetzt vorwärts«, zischte Michiel, »sonst knall ich dich wirklich ab.«
Van Hierden gab sich geschlagen und ging gehorsam in die Richtung, die Michiel ihm wies. Minuten später trafen sie Postma, der ihnen – erschreckt durch den Schuss – entgegengekommen war.
»Er hat einen Fluchtversuch unternommen«, erklärte Michiel.
Postma trug einen Regenmantel mit großen Taschen; in der rechten hielt seine Hand eine Pistole. Er trat zu van Hierden, drückte ihm den Lauf an die Hüfte und sagte leise: »Ich schieße erst und warne dann.«
Michiel und Postma nahmen van Hierden in die Mitte und machten sich wortlos auf den Weg. Zwei Mal begegneten sie Leuten aus dem Dorf, die sie unbefangen grüßten.
Als sie die Straße erreicht hatten, die zum Bahnhof führte, sahen sie sofort, dass irgendetwas anders war als sonst.
»Da, Munitionswagen!« Postma deutete zum Straßenrad. Dort standen, halb verdeckt von den Bäumen, im Abstand von je hundert Metern, fünf Munitionswagen.
»Gefährlich?«, fragte Michiel.
»Und wie! Eine brennende Zigarette genügt, um eine Katastrophe auszulösen.«
Kurz darauf war in der Ferne ein leises Brummen zu hören.
»Ich glaube, Rinus de Raat ist im Anflug«, sagte Michiel.

Postma blieb stehen. »Du hast recht«, sagte er. »Eine Spitfire! Wir müssen in Deckung. Wenn auch nur eine Kugel einen der Wagen trifft, fliegt das halbe Dorf in die Luft.«
Er schubste van Hierden in ein Mannloch.
»Du machst keinen Mucks, Freundchen«, brummte er. »Ich behalte dich im Auge.«
Er selbst kletterte in das nächste Loch, Michiel in das übernächste, und als kurz darauf das Flugzeug über sie hinwegdonnerte, duckten sie sich.
Die Maschine drehte ab, ohne dass Schüsse gefallen waren.
Michiel wollte gerade die Deckung verlassen, da sah er, dass Postma eine warnende Gebärde machte und zum Himmel deutete.
Tatsächlich: Der Pilot schien etwas Verdächtiges erspäht zu haben, er flog eine Schleife über dem Dorf und näherte sich wieder, diesmal in Längsrichtung der Straße und niedriger als vorher. Das Dröhnen schwoll an, und wieder duckten sie sich.
Ben van Hierden hingegen ergriff die Gelegenheit. Er sprang aus dem Mannloch und war, ehe die beiden anderen es überhaupt sahen, schon gut zwanzig Meter im Zickzack die Straße entlanggerannt.
Postma hob die Waffe, schoss aber nicht, weil er fürchtete, einen der Munitionswagen zu treffen. Im nächsten Moment feuerte das Jagdflugzeug eine Salve ab.
Ein ohrenbetäubender Knall, dann schien die Erde zu bersten. Michiel und der Lehrer hatten sich am Grund der Mannlöcher wie Igel zusammengerollt. Zwei weitere Wagen detonierten, zum Glück die am weitesten von ihnen entfernten.
Kaum waren die Explosionen verklungen, tauchten sie vorsichtig auf und blickten sich um. Wo die Wagen gestanden hatten,

klafften nun riesige Löcher, ein Baum war halb über die Straße gefallen, drei Häuser lagen in Trümmern.
Ben van Hierden war wie vom Erdboden verschwunden. Es würde schwer sein, inmitten der Verwüstung Überreste von ihm zu finden, die man begraben könnte.
Inzwischen strömten Leute herbei und begannen, in den Trümmern der Häuser nach Überlebenden zu suchen. Michiel wollte mithelfen, doch Postma sagte: »Wir gehen lieber, es sind genug Helfer da.«
»Warum? Van Hierden ist doch tot.«
»Wir tragen Waffen bei uns. Wenn wir durchsucht werden, sind wir dran.«
»Stimmt.«
Sie trennten sich. Postma ging nach Hause und Michiel noch einmal zum Versteck, um Jack und Dirk die Pistole wiederzubringen und zu berichten, was geschehen war. Es war zwar Wahnsinn, nach acht Uhr mit einer Waffe in den Wald und wieder zurückzugehen, aber andererseits hatte man im Dorf jetzt sicher Wichtigeres zu tun, als sich darum zu kümmern, wer so spät noch auf der Straße war.
Trotz des ausgestandenen Schreckens war Michiel auch erleichtert, denn nun konnte Ben van Hierden ihnen nicht mehr gefährlich werden. Zugleich fühlte er sich unendlich müde und erschöpft: Die Gefahr, die ständige Anspannung und die Angst forderten ihren Tribut. Mehr denn je sehnte Michiel das Ende des entsetzlichen Kriegs herbei.

Die van Beusekoms saßen gerade beim Mittagessen, als eine Vorhut aus fünf englischen Panzern das Dorf erreichte. Michiels Mutter hörte das Rollen als Erste. Sie sprang auf, rannte zum Fenster und schrie, völlig außer sich vor Freude: »Die Befreier!«
Michiel und seine Geschwister stürzten ins Freie und sahen, dass aus jeder Panzerkuppel der Oberkörper eines Mannes mit heller Uniformjacke und einem schräg auf dem Kopf sitzenden Barett ragte.
Aus sämtlichen Häusern kamen jetzt die Leute gelaufen, angetan mit orangefarbenen Schärpen und rot-weiß-blaue Fähnchen schwenkend. Manche kletterten auf die Panzer und umarmten die Soldaten. Juden und entflohene Gefangene, die sich bisher verstecken mussten, zeigten sich erstmals wieder öffentlich auf der Straße. Der Jubel wollte kein Ende nehmen.
Wie sich herausstellte, hielt sich im ganzen Ort kein einziger Deutscher mehr auf. Die Kaserne war verlassen: In der Nacht zuvor hatten die Besatzer sich über die Ijssel davongemacht.
Die Widerstandskämpfer gaben sich nun offen zu erkennen: Sie trugen orangefarbene Armbinden, die sie als inländische Streitkräfte auswiesen. Auffällig war, dass sich viele von denen, die sich jahrelang im Widerstand engagiert hatten und dabei vielerlei Gefahren ausgesetzt gewesen waren, zumeist bescheiden im Hintergrund hielten. Andere dagegen, die erst in den letzten Wochen dazugekommen waren, als sich abzeichnete, dass der Krieg bald vorbei sein würde, gingen mit stolz-

geschwellter Brust umher, spuckten große Töne und trieben all jene zusammen, die im Verdacht standen, mit den Besatzern kooperiert zu haben.

Den Mädchen und Frauen, die sich mit deutschen Soldaten eingelassen hatten, schoren sie den Kopf kahl, die Männer wurden an den Pranger gestellt, indem man sie, mit erhobenen Händen auf dem Lenker von Motorrädern sitzend, durchs Dorf karrte und anschließend in der Schule einsperrte. Manche verdienten es nicht besser, andere hatten lediglich aus Angst den Deutschen gegenüber freundlich getan, jedoch nie jemanden verraten.

Auch Schafter blieb die Tour auf dem Motorrad nicht erspart – sehr zu Unrecht, wie sich kurz darauf erwies, denn es stellte sich heraus, dass er drei Juden bei sich versteckt gehalten hatte.

Michiel suchte ihn eine Woche später zu Hause auf, um sich zu entschuldigen.

»Du hast bestimmt gedacht, *ich* hätte den Moffen die Sache mit der Fähre gesteckt, was?«, fragte er. »Schließlich hatten wir beide ja noch darüber gesprochen.«

»Nehmen Sie's mir bitte nicht übel«, sagte Michiel verlegen. »Sie haben mich damals ziemlich penetrant ausgefragt. Außerdem hieß es im Dorf, Sie würden es mit den Deutschen halten und ... und ... es sah ja auch so aus.«

»Weißt du, die Juden wohnten schon seit 1942 bei mir. Als ich irgendwann merkte, dass die Deutschen einen Verdacht gegen mich hegten, habe ich, rein zur Sicherheit, so getan, als wäre ich ihnen wohlgesinnt. Ich habe ihnen hin und wieder einen kleinen Gefallen getan, aber verraten habe ich niemanden, das kannst du mir glauben.«

»Aber Sie haben ihnen doch den Weg zu Bertus Schwerhörig gezeigt.«

»Ich? Nein!«

»Bertus' Frau hat erfahren, dass Sie an dem Tag, als ihr Mann verhaftet wurde, an einer Kreuzung mit den Soldaten geredet haben.«

»Ach so, das meinst du. Sie haben mich nach dem Weg gefragt, weil sie mich nun mal kannten. Das heißt, sie wollten wissen, wo der Driekusmansweg ist, und das hab ich ihnen gesagt. Aber sie hätten auch ohne mich hingefunden; der Weg ist ja auf Karten verzeichnet.«

»Und wie haben Sie herausgefunden, dass ich es war, der den Brief bei ihnen eingeworfen hat?«, fragte Michiel.

»Das weiß ich von meinen Untertauchern. Ich hatte für den Fall des Falles ein Guckloch in die Haustür gemacht, und als sie Schritte auf dem Kies hörten, haben sie einen Blick riskiert. Ihre Beschreibung traf auf dich zu, und ich wusste ja, dass du mir wegen der Sache mit der Fähre misstraut hast.«

»Verstehe«, sagte Michiel. »Es tut mir wirklich leid, dass ich Sie zu Unrecht verdächtigt habe. Aber Sie waren schon ziemlich neugierig.«

»Das ist so meine Art.« Schafter grinste.

»Es muss schlimm für Sie gewesen sein, als die Leute vom Widerstand Sie durchs Dorf gefahren haben.«

»Eigentlich hatte ich nur Angst, ich könnte vom Motorrad fallen«, sagte Schafter leichthin. »Ich wusste ja, dass ich nichts weiter zu befürchten hatte. Hast du mitbekommen, wer mich geholt hat?«

»Ich schätze mal, Dries Grotendorst, der hat das Motorrad gefahren.«

»Stimmt. Er hatte seine Maschine ein paar Jahre lang unter einem Heuhaufen versteckt. Und in der Zwischenzeit jede Menge Geld mit Schwarzhandel verdient. Für ein lumpiges Pfund Butter haben er und seine Frau zwölf neuwertige Bettlaken genommen, Vorkriegsware, versteht sich.«
»Das war in unserer Gegend sonst nicht üblich«, meinte Michiel.
»Nein, die meisten hiesigen Bauern haben sich anständig und menschlich verhalten. Aber die Grotendorsts nicht. Dries war genau zweiundzwanzig Tage beim Widerstand. So kurz, dass er nicht mal wusste, dass ich dreieinhalb Jahre dabei war. Nun ja ... Motorradfahren kann er jedenfalls gut.«
»Dabei dachte ich immer, Dries wäre eine große Nummer im Widerstand. So kann man sich täuschen. Aber zum Glück ist das jetzt alles vorbei.«
»Tja ...« Schafter wiegte den Kopf. »Aber nicht für alle ist es die reine Freude. Die Leute, die bei mir versteckt waren, können sich jetzt zum ersten Mal seit drei Jahren wieder frei bewegen. Das ist schon ein Grund zur Freude, aber andererseits sind sie die einzigen Überlebenden ihrer Familie. Ein trauriger Ausgangspunkt für einen Neuanfang ...«
Michiel musste an seinen Vater denken.
»Bei euch ist es ähnlich«, sagte Schafter.
»Ja, vor allem für meine Mutter ist es hart. Sie haben mich doch mal nach den zwei Bäuerinnen gefragt, die ich im Winter über die Ijssel gebracht habe. Das waren ein gewisser Herr Kleerkoper und sein Sohn. Sie haben den Krieg überlebt. Heute Morgen kam jemand aus Den Hulst vorbei und hat Grüße von ihnen bestellt. Aber auch sie ...«
Er beendete den Satz nicht.

»Man schätzt, dass von den hundertfünfundzwanzigtausend niederländischen Juden hundertzehntausend umgekommen sind«, sagte Schafter.
»Furchtbar.«

Michiel ging nach Hause. Trotz der düsteren Worte Schafters überwog die Freude bei ihm. Es war vorbei. Hitler war besiegt. Das Schießen, Morden und Foltern hatte ein Ende. Dirk wohnte wieder bei seinen Eltern. Jack war bei seiner Einheit und hatte Erica schon einen langen Liebesbrief voller Rechtschreibfehler geschrieben. Fährmann van Dijk war in einem Konzentrationslager umgekommen, aber Bertus war wieder bei seiner Janne.
Die alliierten Soldaten verteilten Corned Beef (was auch immer das sein mochte) und andere Konserven, sie warfen regelrecht mit Zigaretten um sich, scherzten mit den Mädchen und rasten in kleinen offenen Wagen, die sie Jeeps nannten, durchs Dorf.
Das Leben wurde wieder bunt. Man hörte nicht nur von Toten, sondern auch von Menschen, die den Krieg auf wundersame Weise überlebt hatten. In den großen Städten waren viele vor Hunger gestorben, doch es gab auch welche, die durch unfreiwillige Diät ein Magengeschwür oder eine Darmkrankheit losgeworden waren. Es erschienen wieder Zeitungen, und man durfte sie – anders als die illegalen Blätter, deren Besitz lebensgefährlich gewesen war – überall lesen, sogar mitten auf der Straße, wenn man wollte.
Und es wurde gefeiert. Die Leute holten nach, was sie in fünf Kriegsjahren an Spaß und Freude, an Tanz und Gesang versäumt hatten. Man war froh und dankbar für den Frieden – den Frieden nach einem Krieg, wie es ihn nie wieder geben durfte.

Ein paar Monate waren vergangen, und auch in Fernost war der Krieg nur vorüber. Die Amerikaner hatten zwei Atombomben auf die japanischen Städte Hiroshima und Nagasaki abgeworfen, die sie dem Erdboden gleichgemacht und unzählige Todesopfer gefordert hatten. Wenige Tage darauf hatte Japan kapituliert.

Eines Abends machten Michiel und Dirk einen Spaziergang durch das Dorf. Sie gingen langsam, weil Dirks rechter Fuß eingegipst war. Im Krankenhaus in Zwolle hatte man ihm die Zehen noch einmal gebrochen und neu gerichtet, diesmal jedoch unter Narkose. Wenn sie gut zusammenwuchsen, war demnächst der linke Fuß dran, und Dirk durfte hoffen, in etwa einem Jahr wieder normal gehen zu können. Jetzt allerdings brauchte er noch Krücken.

Am Ende der Straße tauchte ein sportlicher junger Mann um die fünfundzwanzig auf.

»Kennst du den, der da auf uns zukommt?«

»Klar. Das ist Gert Verkoren. Wieso fragst du?«

»Er war der dritte Mann bei dem Überfall in Lagezande.«

»Der, den du nicht verraten hast?«

Dirk nickte.

Inzwischen war Gert herangekommen.

»Tag, Gert.«

»Hallo, ihr beiden.« Er blieb stehen. »Was macht dein Fuß, Dirk?«

»Alles bestens. Nächstes Jahr bin ich wieder beim Herbstlauf dabei.«

»Wenn ich nicht gewesen wäre, wärst du dieses Jahr dabei«, sagte Gert, »und würdest garantiert gewinnen. Ich kann dir gar nicht oft genug sagen, wie dankbar ich dir bin, Dirk.«

»Schon gut. Ich hatte eben Pech und du Glück«, sagte Dirk und wechselte dann das Thema, weil es ihm unangenehm war. »Du hast ja ein richtig elegantes Hemd an.«
»Ja, nicht wahr? Meine Freundin hat es genäht, aus Fallschirmseide. Ich hab mal einen toten Mof im Wald gefunden, der in einen englischen Fallschirm gewickelt war. Den Mof konnte ich nicht gebrauchen, wie du dir denken kannst, den Fallschirm aber schon.«
Michiel starrte Gert mit offenem Mund an, brachte aber keinen Ton heraus. Dirk legte ihm die Hand auf den Arm, als wollte er sagen: Lass mich mal machen ... Dann fragte er ganz ruhig: »Wann war das denn?«
»Kurz vor unserem Überfall. Danach bin ich auf den Nordostpolder geflohen und erst nach der Befreiung wieder hierhergekommen. Da lag der Fallschirm noch in der Scheune, hinter dem Kasten mit dem Hühnerfutter.«
»Weißt du eigentlich, dass ...«, begann Dirk, brach dann aber ab.
»Was meinst du denn?«
»Ach, nichts. Komm, Michiel, wir müssen weiter. Tschau, Gert.«
»Tschau.«
Nachdem sie ein paar Minuten gegangen waren, sagte Dirk wie entschuldigend zu Michiel: »Es hat ja keinen Sinn mehr, noch darüber zu reden.«
»Nein«, sagt Michiel. »Das hat keinen Sinn. Aber etwas anderes hat Sinn.«
»Was denn?«
»Nie mehr in einem Krieg kämpfen, nur noch gegen den Krieg.«
»So ist es«, sagte Dirk.

Viele Jahre sind inzwischen vergangen. Michiel ist mittlerweile 83 Jahre alt. Er hat die Zeitungen aufmerksam studiert und weiß, dass es seit seinem Abendspaziergang mit Dirk in zahllosen Ländern der Welt Kriege gegeben hat, in Ungarn, Vietnam, Korea, China, Nordirland, im ehemaligen Jugoslawien, der Türkei, Kambodscha, Indonesien, Nepal, Bangladesch, Indien, Pakistan, Sri Lanka, Myanmar, Bhutan, Papua Neuguinea, Taiwan, Jordanien, Libanon, Libyen, Kongo, Angola, Burundi, Elfenbeinküste, Liberia, Sudan, Äthiopien, Nigeria, Senegal, Somalia, Ruanda, Uganda, Eritrea, Jemen, Niger, Djibouti, Tansania, Kenia, Mali, Ecuador, der Dominikanischen Republik, Kuba, Honduras, Haiti, Kolumbien, Venezuela, Guatemala, Peru, Bolivien, Mexiko, auf den Falkland-Inseln, Ost-Timor, Afghanistan, im Iran und Irak, Russland, Tschetschenien, Georgien, Israel, Algerien, Ägypten, Syrien und vielen Ländern mehr ...

Die Besetzung der Niederlande

Im 1. Weltkrieg waren die Niederlande neutral geblieben, das heißt, sie verbündeten sich mit keiner der kriegführenden Mächte. Auch aus dem 2. Weltkrieg hätte sich die Regierung gern herausgehalten, aber Hitler, dessen Ziel ein sogenanntes »Großdeutsches Reich« war, befahl seinen Generälen die Besetzung des Landes. Die fast 9 Millionen Einwohner sollten zu Bürgern dieses deutschen Reiches werden.
Die deutsche Wehrmacht brauchte nur wenige Tage, um das ganze Land zu besetzen, da die niederländische Armee sehr klein war und wenig Gegenwehr leistete. Am 14. Mai 1940 wurde Rotterdam bombardiert und beinahe vollständig zerstört, daraufhin gaben die Niederländer auf, sie kapitulierten. Die königliche Familie floh nach England und das Land blieb bis zum April 1945 besetzt.
In dieser Zeit gab es Sympathisanten, die sich auf die Seite der Deutschen stellten, wie Ben van Hierden in *Kriegswinter*. Ungefähr 60.000 Freiwillige kämpften auf deutscher Seite und halfen mit, die Juden aus dem Land zu vertreiben. Wie viele Juden genau in den Niederlanden lebten, kann man nicht sagen. Am Anfang des Krieges waren es etwa 180.000, nach dem Krieg noch ungefähr 30.000. Da es so viele Kollaborateure gab, Menschen also, die den Deutschen halfen, verliefen die Deportationen in den Niederlanden wesentlich ›erfolgreicher‹ als in vielen anderen Ländern, in denen sich die Bevölkerung stärker wehrte. Die bekannteste Geschichte der Judenverfolgung in den Niederlanden ist die des deutschstämmigen Mädchens

Anne Frank, deren Familie 1934 aus Deutschland floh. Anne wurde zwei Jahre lang in einem Hinterhaus in Amsterdam versteckt, bis sie am 4. August 1944 entdeckt wurde.

Viele Menschen wuchsen über sich hinaus und versteckten jüdische Mitbürger, andere waren weniger mutig und schauten schweigend zu oder halfen den Deutschen, wie zum Beispiel das Personal der Bahn, das ohne Gegenwehr die Befehle der Deutschen ausführte, als die Züge mit Deportierten nach Deutschland fuhren.

Wichtig war die Besetzung für die Deutschen unter anderem wegen der Landwirtschaft, denn vor dem 2. Weltkrieg waren die Niederlande einer der größten Lebensmittelexporteure Europas. Wer Widerstand leistete, wurde zur Zwangsarbeit in Deutschland gezwungen. Ab Februar 1941 gab es innerhalb der Bevölkerung eine größere Gegenwehr, nachdem die inzwischen verbotene Kommunistische Partei zur Solidarität mit den Juden aufgerufen hatte. So bildeten sich überall im Land Widerstandsgruppen. Sie organisierten sich in kleinen Gruppierungen und beschäftigen sich vor allem damit, Telefonleitungen und Bahngleise lahmzulegen, Anschläge auf deutsche Soldaten durchzuführen, Untergetauchten zu helfen und ihre Flucht zu organisieren, die Bevölkerung mit Flugblättern und Zeitungen aufzuklären, Waffen zu beschaffen und auf jede erdenkliche Art die Verfolgung der Juden zu erschweren.

Die hauptsächlich jungen Männer und Frauen im Widerstand gingen dabei große Risiken ein, vor allem, da es viele Verräter unter ihnen gab, die heimlich für die Deutschen arbeiteten. Berühmt wurde der Fall des Spitzels Fake Krist vom Sicherheitsdienst (SD) in Haarlem, nicht weit von Amsterdam. Krist galt als besonders brutal, wenn er von den Untergrundkämpfern

Informationen über ihre Organisation bekommen wollte. Die Widerstandskämpferin Truus Menger schreibt in ihrer Autobiografie:

»Und dann gab es den Verrat. Verrat für Geld, aus Neid, wegen kleinbürgerlichen Geredes Der SD hatte überall seine Leute sitzen. Das Gespenst der Angst war allgegenwärtig. Die illegale Presse suchte den Mut aufrechtzuerhalten. Botinnen brachten die Zeitungen bis in die entferntesten Bezirke, durch Wind und Wetter, an den Kontrollposten der Deutschen vorbei, durch Feuerlinien und Bombardements. [...] Fake Krist war durch seine unbarmherzigen Verhöre berühmt, die mit großen Misshandlungen und Erpressungen verbunden waren. Als während eines Verhörs ein Widerstandskämpfer zum Beispiel nicht erzählen wollte, wo sich sein Bruder befand, wurde sein kleiner Sohn herbeigeholt und vor den Augen seines Vaters gefoltert.«

Im Oktober 1944 wurde Fake Krist von Mitgliedern des Widerstands erschossen. Es gab in den Niederlanden 25.000 Widerstandskämpfer, von denen zwischen 1940 und 1945 ungefähr 6.000 ermordet wurden.

Glossar

Achtzigjähriger Krieg: 1568–1648. Die Niederlande erkämpften sich die Unabhängigkeit von Spanien. Es wurde allerdings nicht achtzig Jahre lang ununterbrochen gekämpft; stattdessen bestand der Krieg eher aus vielen einzelnen Aufständen und Kämpfen.

Alliierte: Verbündete Staaten, die im 2. Weltkrieg gegen Deutschland gekämpft haben, vor allem sind hier die USA, England, Frankreich und Russland gemeint.

Arbeitseinsatz: Unter der Regierung der NSDAP (Nationalsozialistische Deutsche Arbeiterpartei) wurden zwischen 7 und 11 Millionen Menschen aus Deutschland und den besetzten Gebieten zur Arbeit gezwungen, vor allem in den Fabriken der Kriegsindustrie.

arische Rasse: Der Begriff *arisch* stammt eigentlich aus dem Sanskrit, einer altindischen Sprache, und bedeutet »edel«. In der Ideologie der Nationalsozialisten entsprach das deutsche Volk der »arischen Rasse«, der sich die sogenannten »Untermenschen«, also Juden, Sinti und Roma etc. unterzuordnen hätten.

Ausgangssperre: Verbot, zu bestimmten Zeiten das Haus zu verlassen. Damit bezweckten die Besatzer unter anderem, dass sich die Bewohner der Städte, die sie besetzt hielten, in ihren eigenen Häusern wie Gefangene fühlten.

Deportation: Das lateinische Wort *deportare* bedeutet »wegschaffen«. Man spricht von Deportation, wenn religiös oder politisch unerwünschte Personen gegen ihren Willen an andere Orte, z. B. in Gefangenen- oder Straflager verschleppt werden.

Einquartierung: Darunter versteht man die Aufnahme von Militärangehörigen in privaten Wohnungen. Wenn man Soldaten in den eigenen Häusern aufnehmen musste, hieß das auch, dass man sie zu verpflegen hatte. Die Einquartierungen dienten aber auch dazu, bestimmte Personen genauer unter Beobachtung stellen zu können.

»Endsieg«: Adolf Hitler prägt diesen Begriff in seinem Buch *Mein Kampf*. Damit meinte er den endgültigen Sieg des deutschen Volkes über die in den 2. Weltkrieg verwickelten Länder.

Gestapo: Abkürzung für »Geheime Staatspolizei«, 1933 von Hermann Göring geschaffen. Ziel der Gestapo war die systematische Bekämpfung von tatsächlichen und vermeintlichen Gegnern der Nationalsozialisten, wobei man auch intensiv mit Denunzianten (Verrätern) aus der Bevölkerung zusammenarbeitete.

Grünes Kreuz: Eine Organisation, die sich in den Städten und Dörfern um die gesundheitlichen Grundbedürfnisse der Bevölkerung kümmerte.

Gulden und Cent: Währung in den Niederlanden von 1601 bis zur Übernahme des Euro im Jahr 2002.

Hippe: landwirtschaftliches Arbeitsgerät, bestehend aus einem Stiel und einer Klinge, die natürlich auch, wie von Dirk in unserem Buch, als Waffe eingesetzt werden kann.

Karbidlampe: In Karbidlampen wurde der chemische Stoff Calciumkarbid mithilfe von Wasser zu einem brennbaren Gas umgewandelt, das als Lichtquelle diente.

Kneifkatze: Taschenlampe, bei der durch Kneifbewegungen der Hand und die dadurch entstehende Reibung Elektrizität erzeugt wird.

Konzentrationslager: Die Nationalsozialisten verschleppten »unerwünschte Menschen« wie Juden, Sinti und Roma, aber auch politische Gegner, Homosexuelle und psychisch Kranke in Lager, in denen sie Zwangsarbeit leisten und unter den schlimmsten Bedingungen leben mussten. Eine genaue Zahl ist schwer zu ermitteln, man nimmt aber an, dass in den Jahren zwischen 1941 und 1945 ungefähr 6 Millionen Juden in den KZs systematisch gefoltert und ermordet worden sind.

»Kristallnacht«: In der Nacht auf den 10. November 1938 organisierten die Nationalsozialisten in ganz Deutschland einen Sturm auf jüdische Synagogen, Geschäfte und Privatwohnungen. Man spricht von ungefähr 1300 ermordeten Menschen und einer Zerstörung von etwa der Hälfte der jüdischen Synagogen. Außerdem wurden am 10. November mehr als 30.000 männliche Juden in Konzentrationslager verschleppt.

Machtergreifung: Am 30. Januar 1933 ernannte der damalige Reichspräsident Paul von Hindenburg Adolf Hitler zum Reichskanzler. Dies kann man als das Ende der Demokratie in Deutschland und als den Beginn der Macht der NSDAP bezeichnen.

Magdeburger Halbkugeln: Bei den »Magdeburger Halbkugeln« geht es um ein Experiment, bei dem man zwei Halbkugelschalen aus Kupfer aufeinanderlegte, den Innenraum luftdicht verschloss und dann die Luft mithilfe eines Ventils heraussaugte. Daraufhin drückte der Luftdruck von außen den luftleeren Raum in der Kugel so stark zusammen, dass bei einer Demonstration in Magdeburg (daher der Name) nicht einmal zwei Gespanne mit je acht Pferden die beiden Kugelhälften auseinanderziehen konnten.

Mannloch: Grube am Straßenrand, in die man sich bei Bombenalarm oder Fliegerangriffen warf, um sich zu schützen.

Marken: Da Lebensmittel knapp waren, begann man, Essensmarken an die Bevölkerung auszuteilen, damit es eine geregelte Verteilung geben konnte. Das war sinnvoll, da man nie wirklich sagen konnte, wie viel das Geld noch wert war – oder am nächsten Tag wert sein würde.

Masel tov: jiddisch für »Viel Glück«, »Viel Erfolg«. Im Deutschen findet man Spuren dieses Begriffs zum Beispiel in den Worten »Schlamassel« oder »vermasseln«.

Moffen: Ein Mof, zwei Moffen, niederländische abwertende Bezeichnung für die Deutschen, kommt sprachlich von »muffig«. Das Wort wurde schon im 16. Jahrhundert verwendet, während des 2. Weltkriegs bezog es sich aber hauptsächlich auf die Nazis.

NSB: Die *Nationaal-Socialistische Beweging* wurde im Dezember 1931 gegründet. Ihr Programm entsprach weitgehend dem der NSDAP, das Parteioberhaupt Anton Alfred Mussert lehnte allerdings die Judenfeindlichkeit und den Rassismus allgemein ab. Bis zum Beginn des 2. Weltkriegs war die Partei recht erfolgreich. Nach dem Einmarsch der Deutschen wurde die Situation allerdings schwieriger, da Hitler nichts von Mussert hielt und dessen Idee der Unabhängigkeit der Niederlande nicht akzeptierte. Innerhalb der Partei kam es zu einer Spaltung zwischen den deutschfreundlichen Mitgliedern und den Anhängern Musserts, was zu einer deutlichen Schwächung führte. Während der Zeit der Besetzung war die NSB die einzige zugelassene Partei in den Niederlanden. Als die Alliierten vom Herbst 1944 an begannen, die Deutschen zurückzuschlagen, flüchteten viele Parteimitglieder nach Deutschland. Mussert wurde ein Jahr nach Kriegsende wegen Landesverrats hingerichtet.

orangefarbene Schärpe: Die Farbe Orange hat in den Niederlanden eine besondere Bedeutung, was auf den Namen des Königshauses Oranien zurückgeht. Die Widerstandskämpfer trugen also orangefarbene Schärpen, um ihren Nationalstolz zu demonstrieren.

SS: Abkürzung für »Schutzstaffel«. Die SS war neben der SA, »Sturmabteilung«, eine der Hauptorganisationen der Nationalsozialisten. Vor allem durch das brutale Auftreten und die schwarzen, Furcht einflößenden Uniformen war die SS eine polizeiartige Gruppierung innerhalb des Terrorregimes der NSDAP, die in der Bevölkerung Angst und Schrecken verbreitete.

Synagoge: Bezeichnung für das Gotteshaus der jüdischen Gemeinden. Übersetzt bedeutet Synagoge so viel wie Versammlungshaus.

Untertaucher: umgangssprachliche Bezeichnung für diejenigen, die sich vor den Deutschen verstecken, also untertauchen mussten.

Wehrmacht: Als Wehrmacht bezeichnete man die gesamten Streitkräfte der Nationalsozialisten im Zweiten Weltkrieg: Heer, Marine und Luftwaffe.

Wochenschau: Anders als heute gab es früher in den Kinos als Vorprogramm der eigentlichen Filme Nachrichtensendungen, die einmal pro Woche zusammengestellt wurden. Als in den 50er Jahren immer mehr Familien einen Fernseher hatten, verlor die Wochenschau an Bedeutung.

Livia Bitton-Jackson

1000 Jahre habe ich gelebt

Aus dem amerikanischen Englisch
von Dieter Fuchs

224 Seiten, kart.

Mit 13 Jahren wurde das Mädchen Elli Friedmann mit ihrer Familie im März 1944 von den Nazis nach Auschwitz verschleppt. Und von einem Tag auf den anderen ging alles, was ihr Leben bis dahin ausgemacht hatte, verloren – angefangen bei ihrem neuen Fahrrad über die Freunde bis hin zu dem Gefühl, ein freier Mensch zu sein.

Als eine der wenigen Jugendlichen, die die Konzentrations- und Arbeitslager überlebt haben, schildert sie ihren Weg durch die Vernichtungsmaschinerie mit einer ergreifenden Sprache, die ein erschreckendes Bild der unvorstellbaren Grausamkeiten des Naziregimes zeichnet.

Tausend Jahre habe ich gelebt ist mehr als eine bemerkenswerte Biografie – es ist gelebte Geschichte und berichtet von Gewalt und Leid, und gleichzeitig von Hoffnung, Schicksal, Durchhaltevermögen und Liebe.

Eichlers Judaica, New York

URACHHAUS

Paule du Bouchet

Sing, Luna, Sing

Aus dem Französischen
von Corinna Tramm

208 Seiten, geb.

Warschau 1939. Luna, eine polnische Jüdin, hat nur eine große Leidenschaft: Singen und Musik. Ihre Stimme ist betörend schön. Sie ist 14 Jahre alt, als die Deutschen Polen überfallen. Bald wird die jüdische Bevölkerung ins Warschauer Ghetto deportiert. Luna muss mit ansehen, wie nach und nach alle ihre Angehörigen verschwinden. Sie schließt sich dem Widerstand an, getragen nur von ihrem unbeugsamen Willen, zu überleben, ihrer Liebe – und ihrer Stimme, der sie am Ende ihre Rettung verdankt.

Ein erschütternder Roman –
und eine Hymne an das Leben.

Die Geschichte entwickelt einen Sog, dem man sich nicht entziehen kann.
Stuttgarter Nachrichten

URACHHAUS